TIERISCHE
GUTE
NACHT
GESCHICHTEN

JOHANNA PRINZ

TIERISCHE
GUTE
NACHT
GESCHICHTEN

KOSMOS

Bildnachweis

Mit Farbfotos von: ChrisMoody/shutterstock, S. 9; stanley45/istockphoto, S. 10; Freder/istockphoto, S. 12; Holly Kuchera/shutterstock, S. 14; Goffrey Kuchera/shutterstock, S. 16–17; Art Babych/shutterstock, S. 18; Andrea Battisti/Alamy Stock Photo, S. 20; Mikko Karjalainen/Alamy Stock Photo, S. 22–23; Gallinago_media/shutterstock, S. 24; Ilyas Kalimullin/shutterstock, S. 26; Christiane Franke/shutterstock, S. 29; inanmateev/istockphoto, S. 30; National Geographic Image Collection/Alamy Stock Photo, S. 33, 116; ivanmateev/Adobe Stock, S. 34–35; Maurizio De Mattei/Adobe Stock, S. 36; WLDavies/istockphoto, S. 38; Ben Mc Rae, 123RF, S. 41; LMIMAGES/shutterstock, S. 42; Johnny Madsen/Alamy Stock Photo, S. 45; age fotostock/Alamy Stock Photo, S. 46; Nicola_K_photos/shutterstock, S. 48; krechet/shutterstock, S. 50; Design Pics Inc/Alamy Stock Photo, S. 52; Nilesh Shah/istockphoto, S. 54; alekseev/Adobe Stock, S. 56; David Havel/shutterstock, S. 58; Christina Williger/istockphoto, S. 60; Sasin Tipchai/Dreamstime; S. 63; Meanderingemu/Dreamstime, S. 64; Colin Dewar/shutterstock, S. 66; CraigRJD/istockphoto, S. 68, 71, 78; Somdul/shutterstock, S. 72; Sylvain Gautier/istockphoto, S. 74; Sduraku/shutterstock, S. 77; Andrea Izzotti/Adobe Stock, S. 80; natasnow/Adobe Stock; S. 82; vkilikov/shutterstock, S. 84; Sergey/Adobe Stock, S. 87; Sergey402/shutterstock, S. 88; Kevin Elsby/Alamy Stock Photo, S. 90; KeithSzafranski/istockphoto, S. 93, 94; vladsilver/istockphoto, S. 96; Belizar/Dreamstime, S. 98; Jiri Hrebicek/shutterstock, S. 100; insjoy/istockphoto, S. 102; Urs Hauenstein/Alamy Stock Photo, S. 105; D. Hurst/Alamy Stock Photo, S. 106; Kevin Elsby/Alamy Stock Photo, S. 108; weerayut/Adobe Stock, S. 110; SunnyS/Adobe Stock, S. 112–113; Cmon/Adobe Stock, S. 114; Arco Images GmbH/Alamy Stock, S. 118–119; Nature Picture Library/Alamy Stock Photo; S. 120; USO/istockphoto, S. 123; Parfenov Yuni/istockphoto, S. 124–125; SeppFriedhuber/istockphoto, S. 126

Grafiken von: Tanarch/ shutterstock, S. 6; netzfrisch.de/Adobe Stock, S. 7; jan stopka/Adobe Stock, S. 7; Luccia/shutterstock, S. 7–24; Potapov Alexander/shutterstock, S. 7–24; Innatovich Maryia/shutterstock, S. 7–24; Nosyrevy/shutterstock, S. 7–126; grop/shutterstock, S. 7–126; Pink Pueblo/shutterstock, S. 9–126; ieronim777/shutterstock, S. 19; Robert Adrina Hillmann/shutterstock, S. 25–48; Viktorya170377/shutterstock, S. 31, 37, 49, 79, 121; Kong Vector/shutterstock, S. 49–66; OK-SANA/shutterstock, S. 49–66, 97–108; Eric Isselee/shutterstock, S. 55; electra/shutterstock, S. 67–84; electra kay_smith/Adobe Stock, S. 67–84; frilled_dragon/Adobe Stock, S. 73; ComicVector/Adobe Stock, S. 73; Miceking/shutterstock, S. 85; Tarikdiz/shutterstock, S. 85–96, 115–126; Nebojsakontic/shutterstock, S. 91; Margarita L./shutterstock, S. 97; Save Jungle/shutterstock, S. 97–114; Airin.dizain/shutterstock, S. 103; Farhad Bek/shutterstock, S. 109; Vertyr/shutterstock, S. 109–114; Eugenia Petrovskaya/shutterstock, S. 115

Umschlag: U1: Agnieszka Bacal/shutterstock (Foto), Lars Poyansky/shutterstock (Font), anna42f/shutterstock (Grafik)

Gedruckt auf chlorfrei gebleichtem Papier

© 2019, Franckh-Kosmos Verlags-GmbH & Co. KG, Stuttgart
Alle Rechte vorbehalten
ISBN 978-3-440-16732-8
Redaktion: Ruth Prenting
Text: Johanna Prinz / Bildauswahl: Manuela Ancutici
Umschlag, Gestaltung und Satz: ancutici kommunikationsdesign, Stuttgart
Produktion: Verena Schmynec
Druck und Bindung: Print Consult GmbH, München
Printed in Slovenia / Imprimé en Slovénie

INHALT

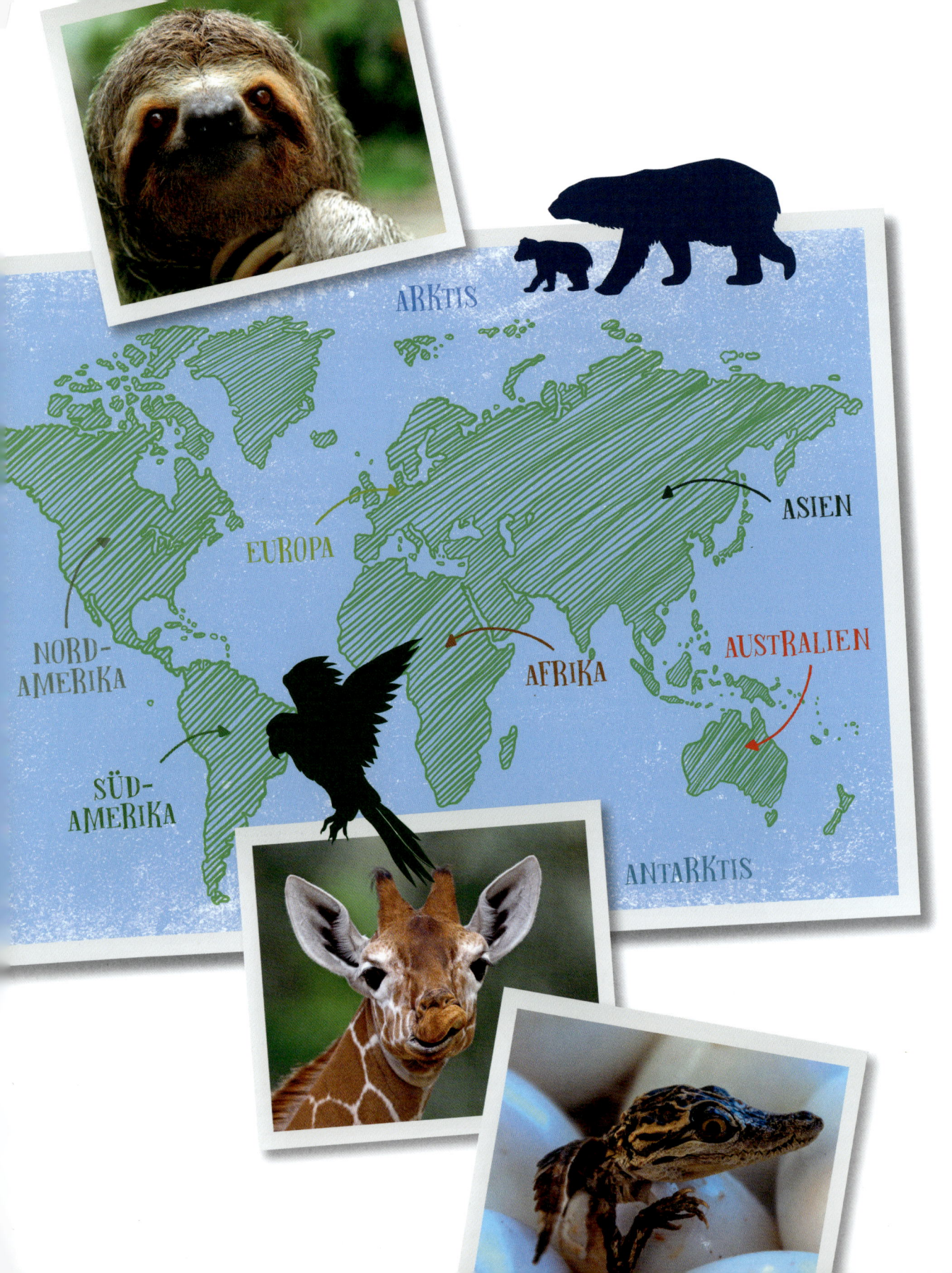

ARKTIS

ASIEN

EUROPA

NORD-
AMERIKA

AFRIKA

AUSTRALIEN

SÜD-
AMERIKA

ANTARKTIS

EUROPA

Größe:	bis 100 cm
Gewicht:	bis 30 kg
Nahrung:	Blätter, Zweige, Gräser
Tragzeit:	105 Tage
Jungtiere:	2–6
Lebensweise:	leben in Familiengruppen

BIBER

In einem kleinen Tal am Fuße der Berge fließt ein gewundenes Flüsschen. Es ist nicht besonders tief und nicht besonders breit. An seinen Ufern wachsen Büsche und junge Bäume. Das Flusswasser blubbert leise vor sich hin, strömt um Steine herum und umspült ein paar alte Baumstämme. In einer Biegung wachsen hohe Schilfhalme. Ihre grünen Stängel schwanken im Wind und an einem von ihnen schaukelt sogar ein Vogelnest. Der Fluss sprudelt auf einen kleinen Wald zu. Je näher er ihm kommt, desto langsamer fließt er. Dann staut er sich plötzlich zu einem kleinen Teich auf. Das Wasser kann nicht weiterfließen! Irgendwo dort vorn muss etwas Großes im Weg liegen, an dem nichts vorbeikommt – ein Felsen vielleicht oder ein paar umgestürzte Bäume?

Ein Vogel fliegt über den Teich und landet auf einem Damm aus Ästen und dünnen Baumstämmen. Tatsächlich! Wer hat denn den hierhin gebaut? Nur an einer kleinen Stelle kann das Wasser hindurchfließen. Kein Wunder, dass hier alles überflutet ist.

Plötzlich bewegt sich etwas zwischen den Wellen. Mit kräftigen Schwimmbewegungen steuert ein Biber auf den Damm zu. Seine Augen, Ohren und die Nase schauen dabei aus dem Wasser heraus. Nur die Fische können jetzt sehen, dass er Schwimmhäute an den Zehen hat, aber sie interessieren sich nicht für ihn.

Der Biber war es, der diesen langen Damm im letzten Jahr gebaut hat. Er hat das Wasser aufgestaut. Und mittendrin steht die Biberburg. Sie ist ein riesiger Haufen aus Ästen und Baumstämmen. Darin lebt der Biber.

Als der Biber seinen Bau erreicht, holt er tief Luft und … platsch … taucht er ab. Dann steuert der Biberpapa gleich auf den Eingang zu. Der liegt unter Wasser, damit ihn keine gefährlichen Tiere erreichen können. Durch einen Tunnel taucht der Biber in die Biberburg hinein und klettert im Innern in seine trockene Höhle.

Sofort kommen die jüngsten Biberkinder angetapst. Sie sind neugierig und wollen nachschauen, wer da nach Hause kommt. Auch die Biber-mama nähert sich, um ihren Partner zu begrüßen und gleich dahinter erscheinen auch noch die älteren Biberkinder, die letztes Jahr geboren wurden. Die ganze Familie ist zusammen. Heute ist ein besonderer Tag, denn die Kleinsten werden ihre Eltern zum ersten Mal nach drau-ßen begleiten. Sie sind mehrere Wochen alt und haben den Bau noch

nie verlassen. Ihre Mama hat sie mit Muttermilch versorgt, aber jetzt ist es Zeit, dass sie etwas Wichtiges lernen.

Vorsichtig steigt die Bibermama ins Wasser. Die älteren Biberkinder folgen ihr sofort, tauchen unter und verschwinden durch den Tunnel

nach draußen. Das haben sie schon viele Male gemacht. Doch ihre jün-
geren Geschwister zögern. Sie sollen ins Wasser? Zaghaft setzt einer
der Kleinen seinen Fuß hinein und zieht ihn schnell wieder zurück.
Lieber nicht! Das ist kalt! Doch die Bibermama weiß genau,

was zu tun ist. Kurzerhand schubst sie einen winzigen Biber nach dem anderen hinein. Dann taucht sie dem Biberpapa hinterher, und als die Biberkinder merken, dass sie von ganz allein schwimmen können, nehmen sie ihren Mut zusammen und folgen ihr. Tauchen ist einfach! Draußen in der hellen Sonne gibt es so viel zu sehen! Ein paar der älteren Geschwister fangen sofort an, schmale Wassergräben zu buddeln, durch die sie in den Wald hineinschwimmen können. Dort wollen sie junge Baumstämme annagen und so lange weiternagen, bis die Bäume umfallen. Die Blätter und Zweige lassen sie sich gut schmecken und den Rest des Baumes schleppen sie durch den Wassergraben zurück zum Teich. Damit verstärken sie den Biberbau. Die Nagespuren der Biber sind überall am Ufer zu sehen. Die Baumstümpfe sehen aus wie angespitzt.

Die Kleinsten der Biberfamilie üben jetzt fleißig das Schwimmen. Immer wieder werden sie von ihren älteren Geschwistern ins Wasser geschubst – so lange, bis sie nicht mehr wasserscheu sind und von allein hineinspringen. Der Biberpapa passt auf, ob Gefahr droht. Er schwimmt an den Ufern entlang und behält alles im Blick. Entdeckt er etwas Ungewöhnliches, warnt er seine Familie, indem er mit dem flachen Schwanz aufs Wasser schlägt. Das klatschende Geräusch sorgt dafür, dass alle schnell in den Bau zurücktauchen. Als Nächstes lernen die Jungbiber, wie sie dünne Zweige und Blätter fressen können. Es gibt so viel, was sie noch üben müssen. Durch den Tunnel tauchen können sie schon. Aber um ihren Geschwistern und den Eltern dabei zu helfen, den Biberdamm auszubessern, brauchen sie noch viel mehr Kraft. Der Fluss

muss sich immer um die Biberburg herumstauen. Nur wenn es viel regnet und das Wasser zu hoch steigt, öffnen die Biber den Damm an einer Stelle und lassen etwas Wasser ab. So kann die Biberburg nicht untergehen. Wenn die Bibermama im nächsten Jahr neue Babys zur Welt bringt, wandern die großen Brüder und Schwestern davon. Sie suchen sich eigene Partner und bekommen Biberkinder, denen sie dann das Schwimmen beibringen. Denn das ist es, was Biber am besten können.

Größe: 60-90 cm
Gewicht: 30-50 kg
Nahrung: Huftiere (Hirsche, Rehe, Schafe)
Tragzeit: 9 Wochen
Jungtiere: 1-10
Lebensweise: leben im Rudel

EUROPA

WOLF

Es regnet schon den ganzen Tag! Dicke Regentropfen fallen auf die Wiese, tröpfeln von den Ästen der Bäume oder kullern von den Blättern. Der alte Baumstumpf, an dessen Fuß die Wolfshöhle liegt, ist richtig nass. Auch der große Steinhaufen am Rande der Wiese glänzt vom Regen.

Doch da! Auf einmal ziehen sich die grauen Wolken zurück und machen Platz für ein Stückchen blauen Himmel. Schnell verwandelt sich der Waldrand in ein funkelndes Meer aus Tausenden blitzenden Lichtern. Die Wassertropfen auf den Blättern und Gräsern glitzern um die Wette. Der Eingang der Höhle ist so groß, dass ein erwachsener Wolf hindurchpasst. Eigentlich ist der Bau nur ein einfaches Loch im Boden.

Krallenspuren am Rand zeigen, dass die Wölfe ihn selbst gegraben haben. Oh, im Inneren der Höhle bewegt sich etwas!

Langsam klettert ein kleines, graues Wolfsjunges durch den Erdtunnel nach oben und tapst neugierig zum Höhleneingang. Vorsichtig streckt es die Nase nach draußen. Regnet es noch? Nein, es duftet zwar überall nach Regen und nasser Erde, aber Tropfen fallen keine mehr vom Himmel.

So einen Regen hat der junge Wolf noch nie erlebt. Er ist erst sechs Wochen alt, und bisher war es hier immer trocken. Heute ist der allererste Regentag in seinem Leben. Wie aufregend! Es riecht auch alles

ganz anders als gestern. So etwas erkennt eine feine Wolfsnase sofort. Der Welpe kratzt sich am Ohr, dann hält er die Nase an den Boden und schnuppert. Da zappelt doch etwas neben dem großen Stein dort hinten! Es ist ein kleines, rosafarbenes Tier, das sich dort herumschlängelt. Der Regen hat einen Regenwurm hervorgelockt. Vorsichtig stupst der kleine Wolf ihn mit der schwarzen Schnauzenspitze an. Dem Wurm gefällt das gar nicht. Wie wild zappelt er hin und her. Da klettert auf einmal ein zweites Wolfskind aus der Höhle. Dann ein drittes und ein viertes. Neugierig kommen alle angelaufen, um zu sehen, was es so Spannendes zu entdecken gibt. Der Wolfswelpe jault empört. Er hat das seltsame Tier zuerst gesehen! Es ist seins! Mit der Schulter versucht er, seine Geschwister beiseitezuschieben, die alle gleichzeitig an dem rosa Wurm schnuppern wollen. Der kleinste Bruder des Welpen weicht sofort zurück. Doch seine große Schwester schubst ihn. Sie ist viel kräftiger als er und will immer bei allem die Erste sein.

Enttäuscht dreht der Wolfswelpe um und überlässt den Wurm seinen Geschwistern. Doch dann erspäht er plötzlich etwas Weißes im Gras. Eine Feder! Sie riecht nach Vogel und kitzelt beim Hineinbeißen im Maul.

Da taucht am Rande der Lichtung ein erwachsener Wolf auf. Es ist einer der älteren Brüder, die im letzten Jahr geboren wurden. Aufgeregt läuft ihm der kleine Wolf entgegen und fiept. So zeigt er dem anderen, dass er sich freut, ihn zu sehen. Der große und der kleine Wolf legen zur Begrüßung die Nasen aneinander und beschnuppern sich. Der Welpe ist hungrig. Die Wolfsmama gibt nicht mehr so viel Milch wie vorher,

aber seine Geschwister und er sind auch schon alt genug, um Fleisch zu fressen. Und er weiß auch schon, wie er welches bekommt.

Mit der Nase stupst er das Maul seines älteren Bruders an und leckt ihm über das Kinn. Sofort senkt der Große den Kopf und würgt ein paar glibberige Fleischbrocken hervor – ist das lecker! Der junge Wolf hat schon fast alles aufgefressen, als seine Geschwister angerannt kommen. Aufgeregt quietschend stürzen auch sie sich auf ihren großen Bruder. Er soll ihnen auch Fleisch geben! Doch der Große hat nichts mehr. Mit einem Schnaufen lässt er sich mitten auf der Wiese zu Boden fallen. Er würde sich jetzt gerne ausruhen, aber die Kleinen lassen nicht locker. Immer wieder stupsen sie ihn an, springen an ihm hoch und lecken ihm über das Maul.

Der große Wolf dreht den

Kopf zur Seite, aber die Welpen wissen nicht, was das bedeutet. Da hilft nur ein leises Knurren und ein kurzes Zähnezeigen. Grrr! Schon ist Ruhe. Das verstehen die Welpen jetzt gut! Der Große hat nichts mehr. Vielleicht bekommen sie ja noch etwas Fleisch von einem der anderen großen Wölfe ab. Ihre älteren Geschwister, Onkel und Tanten müssen hier irgendwo in der Nähe sein. Auch die Wolfseltern entfernen sich nie lange vom Bau.

Der satte Welpe läuft nicht mit den anderen mit. Er will lieber spielen. Ob der Große vielleicht doch noch mitmacht? Mit ein paar kurzen Hopsern ist der Kleine bei ihm angekommen und kläfft. Dann springt er am großen Wolf hoch und reißt sein Maul mit den winzigen Zähnen auf. Hurra, der große Bruder macht mit! Auch er reißt sein Maul auf, aber der Welpe weiß, dass das nicht böse gemeint ist.

Denn dieses Mal sind seine Lippen nicht hochgezogen und die Zunge hängt ihm locker aus dem Maul. Der Welpe beißt dem Großen ins Fell. Der stupst ihn mit dem Maul an und dreht ihn auf den Rücken. Schon sind die beiden in ein wildes Spiel verwickelt. Aber das macht müde! Erschöpft lässt sich der Kleine schließlich ins Gras fallen. Als es wieder anfängt zu regnen, kuschelt er sich an seinen großen Bruder und schließt die Augen. Ein bisschen Regen macht den Wölfen nichts aus. Bestimmt kommt gleich wieder die Sonne heraus. Und wenn nicht, können die Wölfe ja immer noch zurück in den Bau kriechen. Da ist es warm und gemütlich. Es passen alle Welpen hinein und auch die Großen können hier ausruhen. Gemeinsam ist das eben doch am schönsten.

EUROPA

Größe:	50-70 cm
Gewicht:	100-300 g
Nahrung:	Mäuse, Eidechsen, Frösche
Brutdauer:	5-6 Monate
Jungtiere:	5-15
Lebensweise:	leben allein

KREUZOTTER

Auf einer Wiese zwischen den hohen Bergen der Alpen beginnt gerade der Tag. Die Sonne schaut hinter den Gipfeln hervor und leuchtet auf Felsen und Bergwiesen. So früh am Morgen ist es hier noch sehr kalt. Sogar die Murmeltiere mit ihrem dicken Fell liegen noch in den kuscheligen Höhlen. Aber dort drüben, zwischen den Bergkräutern, bewegt sich schon etwas.

Ganz langsam schlängelt sich eine Kreuzotter durch das hohe Gras. Sie ist hellgrau und trägt auf dem Rücken eine dunkle Linie, die aussieht wie ein Zickzackmuster. Die Kreuzotter bewegt sich zu so früher Stunde niemals schnell. Es ist bei Tagesanbruch einfach noch viel zu kalt. In der Kälte dauert bei Schlangen alles etwas länger. Sogar das Heben

des Kopfes braucht heute Morgen sehr viel Zeit. Es gibt aber noch einen anderen Grund, warum die Kreuzotter langsam ist. Sie wird bald Mama. In ihrem Bauch trägt sie zehn Eier und in jedem davon wächst eine kleine Babyschlange heran. Die Kreuzottermama behält ihre Eier bei sich, bis die Schlangenkinder bereit sind zu schlüpfen. So braucht sie kein Nest.

Die kühle Nachtluft hat den Körper der Schlangenmama ganz steif werden lassen. Sie muss sich unbedingt aufwärmen. Gemächlich kriecht sie auf einen riesigen, flachen Stein zu, der mitten auf der Wiese liegt. Da oben scheint so schön die Sonne hin. Gut, dass sie klettern kann.

Auf der Steinfläche angekommen, rollt sich die Kreuzottermama zusammen. Sie macht ihren Körper ganz flach und breit, um so viele Sonnenstrahlen wie möglich einzufangen. Das wärmt auch die Eier.

Der Stein ist warm. Vielleicht reicht das ja schon? Vorsichtig bewegt die Kreuzotter ihren langen Körper. Geschmeidig biegt sie ihren Rücken, den Bauch und zum Schluss auch noch die dünne Schwanzspitze. Ja, jetzt ist sie gelenkig genug. Sie kann sich auf der Wiese unten umschauen.

Vorsichtig schlängelt sich die Schlange von ihrem Sonnenplatz herunter und zurück ins Gras. Langsam streckt sie ihre Zunge heraus. Dann noch einmal. Und noch einmal. Die Schlangenzunge ist schwarz und sehr dünn. Sie passt genau durch eine Lücke am Maul. Die Kreuzottermama kann züngeln, ohne ihren Mund weit aufzureißen. Ihre zwei Zungenspitzen verraten ihr, wie die Wiese riecht. Nach Erde nämlich, nach nassem Gras und an einer Stelle auch nach dem Klo der Murmeltiere.

Doch was ist das? Da! Dort drüben duftet es eindeutig nach Maus! Eigentlich hat die Kreuzotter gar keinen großen Hunger. Die Eier in ihrem Bauch benötigen viel Platz und sie hat erst letzte Woche eine kleine Eidechse gefressen. Aber auf der Seite der linken Zungenspitze ist der Mäuseduft ganz stark. Bestimmt war die Maus gerade erst hier. Jetzt muss die Schlange doch mal nachschauen. Sie züngelt wieder über den Boden. Und wie riecht es hier?

Immer noch nach Maus. Es geht geradeaus. Dann nach rechts und wieder nach links. Mit ihrer Zunge riecht die Kreuzottermama, auf welcher

Seite die Beute zuvor entlanggelaufen ist. Sie folgt der Spur und hält dann an. Sie ist wirklich nicht hungrig. Auch wenn hier ein leckeres Beutetier auf sie wartet, will sie es nicht jagen. So viel Bewegung fällt ihr sowieso immer schwerer mit all den Schlangenbabys im Bauch. Die Kreuzottermama bleibt mitten auf der Wiese liegen und ruht sich aus. Wie alle Schlangen kann sie nichts hören. Sie ist taub. Doch was ist das? Da kommt ein kleines Tier auf sie zu!

Die Maus! Die Kreuzottermama hat das nicht an einem Geräusch erkannt, sondern daran, dass der Mäusekörper so warm ist. Sie erspürt die Wärme mit zwei winzigen Gruben neben ihren Nasenlöchern. Und die Maus, die jetzt geradewegs auf sie zuläuft, ist viel wärmer als das Gras um sie herum.

Während die Kreuzotter noch überlegt, ob sie vielleicht doch auf die Jagd gehen soll, bewegt sich plötzlich etwas in ihrem Bauch. Sofort

vergisst sie die Maus und das Jagen. Es geht los! Die Schlangenbabys sind bereit, geboren zu werden. Seit 105 Tagen wachsen sie im Bauch ihrer Mama heran. Sie liegen zusammengerollt in ihren Eiern und warten darauf, dass sie auf die Welt kommen. Jedes Mal, wenn die Kreuzottermama sich morgens auf ihrem Stein sonnt, wärmen die Babys sich mit auf. So sind sie schnell groß geworden.

Das erste Schlangenkind rutscht von ganz allein, aus einer Öffnung am Bauch der Schlange auf die Wiese. Es hat die weiche Hülle seines Eis abgestreift und zappelt wie wild herum. Das frisch geschlüpfte Schlangenbaby ist winzig klein und ganz dünn, aber es sieht schon genauso aus wie seine Mama. Sogar das Zickzackmuster auf dem Rücken ist schon da. Eine zweite Minischlange wird geboren und dann eine dritte. Schon bald sind alle Kleinen da. Ist das aufregend hier! Die Kleinen erkunden die Wiese und kriechen eilig davon. Sofort beginnen

sie, für sich selbst zu sorgen. Ihre Geschwister oder ihre Mama treffen sie später höchstens zufällig. Das macht ihnen aber gar nichts aus, denn jedes Schlangenkind kann von Anfang an jagen. Eine Maus oder eine Eidechse ist vielleicht noch zu groß. Aber ein kleiner, junger Frosch schmeckt gut. Die zehn Kreuzotterjungen verteilen sich in zehn verschiedene Richtungen. Ihre Mama bleibt noch eine Weile liegen und erholt sich von der Geburt. Dann macht sie sich auf den Weg zu ihrem Versteck am Fuße einer Baumwurzel. Ein bisschen hungrig ist sie jetzt aber doch geworden.

Morgen, wenn die Sonne hoch am Himmel steht, kann sie sich noch mal auf ihrem Lieblingsstein aufwärmen. Vielleicht findet sie dann ja auch die Maus wieder, aber erst genießt sie die Sonnenstrahlen. Denn so was weiß ja nun wirklich jede Schlange: Um sich bewegen zu können, muss es warm sein.

AFRIKA

Größe:	120-140 cm
Gewicht:	bis 320 kg
Nahrung:	Gräser
Tragzeit:	360-380 Tage
Jungtiere:	1
Lebensweise:	leben in Gruppen

STEPPENZEBRA

Heute ist es so weit! Die Zebrastute spürt es. Den ganzen Tag lang ist sie schon unruhig. Aber es liegt nicht an der afrikanischen Hitze, die über der Savanne flimmert. Und auch nicht an der aufregenden Begegnung mit ein paar Elefanten oder am Löwengebrüll, das immer im Morgengrauen ertönt. Nein, die Unruhe der Zebrastute kommt daher, dass sich ihr Bauch heute anders anfühlt als sonst. Heute wird ihr Fohlen geboren.

Seit vielen Monaten trägt sie es schon in sich. Mittlerweile ist die Zebramama kugelrund, aber sie läuft noch immer jeden Tag weite Strecken mit ihrer Herde. Heute ist der Weg besonders lang, denn ein junges Zebra hat sich verlaufen. Gerade war es noch da und dann ist es

ganz plötzlich verschwunden. Die Leitstute wartet eine Weile und läuft dann los. Sie führt die Herde kreuz und quer durch die Savanne. Der Leithengst läuft am Schluss und passt auf, dass niemand zurückbleibt. Alle bewegen sich ganz langsam, denn einige Fohlen in der Gruppe sind erst wenige Tage alt und können noch keine großen Schritte

machen. Die Zebramama spürt, wie sich ihr eigenes Fohlen im Bauch bewegt. Viel Platz hat es darin nicht mehr, denn es ist ja schon fast

bereit, geboren zu werden. Die Zebras laufen und laufen. Sie suchen und suchen. Wo steckt bloß der Ausreißer? Da taucht das verirrte Zebrakind auf einmal hinter einer Baumgruppe auf. Es wiehert zur Begrüßung und rennt sofort los, um seine Mama zu finden. Alle werden ruhiger – die Herde ist wieder zusammen.

Es ist Abend geworden und die Sonne steht schon tief am Himmel. Die Zebras halten an einem Wasserloch an, um sich auf die Nacht vorzubereiten. Während ein paar Tiere trinken, halten die anderen Ausschau nach gefährlichen Räubern – Krokodilen zum Beispiel oder Löwen. Doch heute ist weit und breit keine Gefahr zu entdecken und auch die feine Nase der Zebramama erschnuppert keinen fremden Geruch. Sie dreht ihre großen Ohren aufmerksam mal hierhin und mal dorthin. Es ist nichts Ungewöhnliches zu hören. Es droht keine Gefahr.

Die Zebramama spürt jetzt deutlich, dass ihr Fohlen noch heute Nacht geboren wird. Als es ganz dunkel ist, sucht sie sich eine sichere Stelle, gleich neben einem kleinen Busch. Prüfend horcht sie noch einmal in die Dunkelheit hinein. Dann geht die Geburt los. Die Muskeln am Bauch der Zebramama ziehen sich fest zusammen. Das kennt sie schon von ihrem letzten Fohlen. Es hilft dem Zebrakind, auf die Welt zu kommen. Als der Kopf des Kleinen zum Vorschein kommt, knickt die Stute langsam mit den Beinen ein und legt sich auf den Boden. Es dauert nicht lange, da schieben sich auch die Vorderbeine des Fohlens nach draußen, dann sein Bauch und schließlich die Hinterbeine. Da ist es ja, das kleine Zebra! Es steckt noch in einer glitschigen Hauthülle, die es mit wildem Gestrampel abstreift. Für Mutter und Kind ist dieser Augenblick

ganz schön gefährlich, denn beide liegen am Boden. Bei Gefahr könnten sie
nicht davonlaufen. Ganz in der Nähe
steht aber der Leithengst und passt auf.
Er hält die Nase in den Wind, um die Zebramama bei der kleinsten Gefahr zu
warnen. Die anderen Zebras halten lieber
noch Abstand. Sie wissen, dass die Zebramama in der ersten Zeit niemanden in
ihrer Nähe haben will. Das neugeborene
Zebrakind hat, genau wie die anderen
Zebras in seiner Herde, ein gestreiftes Fell.
Es ist gar nicht so einfach für das Kleine,
seine langen, dünnen Beine zu ordnen. Die
machen einfach, was sie wollen, dabei sind es
doch bloß vier! Aber dann schafft es das Fohlen doch. Es streckt die Beine und steht auf.
Hui, das ist aber noch ganz schön wackelig!
Vorsichtig versucht es die ersten Schritte. Sie sind
noch ziemlich unsicher.
Auch die Zebramama springt auf und beginnt, ihr Junges
abzulecken. Ein Zebra muss gut laufen können, also fängt
das Fohlen sofort an zu üben. Die Zebramama beobachtet
die ersten Gehversuche. Das klappt gut! Schon nach wenigen Minuten hat das Kleine verstanden, wie es geht. Seine

Mama hilft ihm und stupst es mit der Nase an. Dabei prägt sie sich ein, wie es riecht. Wenn das Fohlen neben ihr steht, ist es gerade groß genug, um die Streifen auf ihrer Schulter zu sehen. Sie laufen dort zu einem Muster zusammen, das aussieht wie ein Dreieck – ein ganz und gar einzigartiges Dreieck. Kein anderes Zebra hat dieselben Streifen. Deshalb kann das Fohlen seine Mama immer wiedererkennen.

Die Zebrastute spürt, wie ihr Fohlen nach der Milch sucht. Es ist hungrig. Die Geburt war anstrengend und es möchte trinken. Als es die Zitzen zwischen ihren Hinterbeinen gefunden hat, wartet die Zebramama geduldig, bis ihr Junges satt ist. Heute Nacht ruhen sich Mama und Zebrakind im Schutz der Herde aus. Die anderen passen auf, dass sich am Wasserloch keine gefährlichen Tiere anschleichen können. Morgen früh, wenn die Sonne aufgeht und das erste Löwengebrüll über die Savanne schallt, macht die Herde sich wieder auf den Weg. Und wer weiß, was dann alles auf sie wartet.

AFRIKA

Größe:	bis 500 cm
Gewicht:	bis 4500 kg
Nahrung:	Gräser
Tragzeit:	230-240 Tage
Jungtiere:	1
Lebensweise:	leben allein oder in Gruppen

FLUSSPFERD

In Afrika ist die Nacht viel spannender als der Tag. Das ist jedenfalls für die Nachttiere so. Ist die Sonne untergegangen, kommen sie zum Vorschein, denn im Hellen wagen sie sich nicht heraus. Viele von ihnen wie Mäuse oder Schlangen sind klein und fürchten sich am Tag vor den größeren Tieren. Eines der Tiere, das vor allem nachts unterwegs ist, ist allerdings überhaupt nicht klein. Im Gegenteil, das Flusspferd gehört zu den schwersten Landtieren der Welt. In der Abenddämmerung liegt es im Wasser des Sees und schaut dem Sonnenuntergang zu. Am Ufer streicht der Wind durch die Schilfhalme und am Himmel fliegen ein paar Vögel zu ihren Schlafplätzen.Das Flusspferdkind wackelt mit den Ohren, planscht ein bisschen und schaut sich um. Dort drüben am

Ufer lag gerade noch ein Krokodil. Diese langen Tiere kennt das kleine Flusspferd schon. Es hat sie oft aus der Ferne angeschaut, aber richtig nah ist es ihnen bisher nicht gekommen. Seine Mama passt nämlich gut auf. Auch die anderen Flusspferdkinder dürfen nie allein in die Nähe des Ufers. Wahrscheinlich ist so ein Krokodil gefährlich.

Die Sonne ist schon fast untergegangen und langsam wird die Flusspferdmama unruhig. Auch das Flusspferdkind spürt etwas. Jeden Moment geht es los. Wie jeden Abend unternimmt die ganze Gruppe einen Ausflug. Das kleine Flusspferd hat viel kürzere Beine als die Großen, aber es will trotzdem unbedingt mit.

Den ganzen Tag über hat es im Wasser gelegen und sich ausgeruht. Aber jetzt sind alle zum Aufbruch bereit. Die Flusspferdmama holt tief Luft. Sie kneift ihre Nase zu, damit kein Wasser hineinläuft, und taucht dann langsam unter. Das Kleine macht es ihr nach. Los geht's! Bis zum Ufer ist es ganz schön weit. Könnten sie schwimmen, würden die Flusspferde einfach hinüberpaddeln. Aber Flusspferde können gar nicht schwimmen! Trotzdem schaffen es die Flusspferdmama, das Flusspferdkind und alle anderen aus der Gruppe, dorthin zu kommen. Sie tun nämlich einfach so, als wären sie an Land.

Das kleine Flusspferd kann das schon gut. Es taucht unter und lässt sich zum Grund des Sees hinabsinken. Seine Nase bleibt zu, aber die Augen lässt es auf. Dann spaziert es los. Es macht viele kleine Trippelschritte aufs Ufer zu. An seiner Seite läuft die Flusspferdmama.

Der Boden am Seegrund ist sandig. Ein paar Steine liegen hier, über die das Flusspferdkind mühelos hinwegsteigt. Durch das trübe Wasser

kann es in der Nähe ein paar Wasserpflanzen sehen. Entschlossen setzt es einen Fuß vor den anderen und schon bald wird das Wasser flacher. Als die Sonne hinter dem Horizont versinkt, klettert das erste Flusspferd heraus. Dann folgt ein zweites und ein drittes. Am Schluss kommt das Flusspferdkind mit seiner Mama aus dem Wasser. Sie haben den ganzen Tag darauf gewartet, dass es endlich kühler wird! Es war heute so warm am See, dass die Flusspferde keine Lust hatten, tagsüber an Land zu gehen. In der prallen Sonne wäre bloß ihre empfindliche Haut ausgetrocknet. Und das darf nicht passieren. Dann juckt ihnen der Rücken und außerdem bekommen sie leicht einen Sonnenbrand. Wenn

die Herde ausnahmsweise einmal tagsüber unterwegs ist, dann schwitzen alle ganz viel. Der Schweiß hält die Haut feucht und wird an der Luft rotbraun. Das schützt die Tiere vor der Sonne. Die Flusspferdmama steuert auf eine Lücke zwischen den Büschen zu. Das Flusspferdkind beeilt sich, denn es will nicht zurückbleiben. Dicht hinter seiner Mama betritt es den Trampelpfad, den die Herde jeden Abend nimmt. Von den vielen Flusspferdfüßen ist er schon ganz schön ausgetreten. Die Fußspuren der Mamas sind groß. Aber dazwischen sieht das Flusspferdkind auch ganz viele kleine Abdrücke. Das sind seine und die der anderen Flusspferdkinder. Es gibt auch fremde Spuren, denn tagsüber laufen hier oft ein paar Wasserböcke entlang.

Während es vorwärts stapft, achtet das Flusspferdkind genau auf seine Umgebung. Auch die Großen passen auf. Weit und breit ist keine Gefahr

zu sehen. Das ist fast immer so, denn die Flusspferdmamas sind so groß, dass Raubtiere sich nicht in ihre Nähe trauen. Selbst die Löwen wissen, dass ein Flusspferd zwar unbeweglich aussieht, aber in Wirklichkeit sehr schnell rennen kann. Und nicht einmal ein Löwe möchte einer wütenden Flusspferdmama im Weg stehen!

Als der Mond aufgeht, entdeckt das Flusspferdkind das Ziel. Eine große Wiese voller Gras und grüner Blätter liegt vor ihnen. Neugierig schnuppert es an ein paar Gräsern. Da hat doch schon jemand dran geknabbert! Bestimmt waren das die Wasserböcke. Die haben den Flusspferden am Tag die Blätter weggefressen! Ist hier noch irgendetwas übrig? Ja, da vorn wachsen noch leckere Gräser. Hungrig stürzt sich das Flusspferdkind auf die saftigen Stängel. Es packt ein paar davon mit seinen kräftigen Lippen und reißt sie ab. Köstlich! Seit die

Flusspferdmama nicht mehr so viel Milch gibt, wartet das Kleine jeden Tag auf diese Mahlzeit. Das nächste Mal wird es erst morgen Nacht wieder hier sein. Deshalb frisst es sich jetzt so richtig satt. Als die Gruppe sich auf den Rückweg macht, sind alle zufrieden.

Leise kehren die Flusspferdmama und ihr Junges zum See zurück. Ohne es zu merken, zertrampeln sie den schmalen Pfad noch ein bisschen mehr. Bestimmt wundern sich morgen früh die Wasserböcke über die neuen Spuren. Das Flusspferdkind ist müde. Gleich kann es im Wasser schlafen und von neuen Abenteuern träumen. Und während das Kleine schläft, passt seine Mama auf.

AFRIKA

Größe:	bis 250 cm
Gewicht:	bis 220 kg
Nahrung:	Antilopen, Zebras, Gnus
Tragzeit:	4 Monate
Jungtiere:	2-4
Lebensweise:	leben im Rudel

LÖWE

Es ist heiß in der afrikanischen Savanne. Die Nachmittagssonne brennt auf den trockenen Boden herunter und der Wind streicht durch die hohen Gräser. Trotz der Hitze sind ein paar Tiere unterwegs. In der Ferne wandert eine Herde Zebras vorbei. Unter dem hohen Akazienbaum steht eine Giraffe mit ihrem Jungtier.

Im Schatten eines dichten Gestrüpps liegt die Löwenmama mit ihren drei Jungen. Ihr sandfarbenes Fell hat fast dieselbe Farbe wie der Boden. Du könntest sie glatt übersehen. Doch wer übersieht schon einen Löwen? Die Zebras jedenfalls nicht. Aber sie müssen die Löwin auch gar nicht sehen, um zu wissen, dass sie da ist. Die ganze Herde hat sofort erkannt, dass ein starker Raubtiergeruch in der Luft liegt.

Die gestreiften Tiere ziehen eilig weiter. Nur ein dummes Zebra würde sich sein Nachtlager dort suchen, wo auch Löwen sind. Bis zum Abend ist noch genug Zeit, um einen besseren Platz zu finden. Die Zebras können nicht wissen, dass die Löwin gerade überhaupt nicht auf der Jagd ist. Sie liegt gemütlich auf der Seite und ruht sich aus. Ab und zu hebt sie den Kopf und schaut zu ihren drei kleinen Löwenkindern hinüber, die neben ihr spielen.

Der älteste, ein kleiner Löwenkater, springt gerade auf den Rücken seiner Schwester. Er beißt ihr ins Fell und verwickelt sie in eine wilde Rauferei. Das dritte Löwenjunge, auch ein kleiner Kater, will lieber

üben, wie man sich anschleicht. Es robbt auf dem Bauch an die Schwanzspitze der Löwin heran und macht sich bereit zum Sprung. Ein richtiges Beutetier könnte der Kleine so noch nicht erlegen, aber für die Quaste an Mamas Schwanz reicht es schon mal.

Seit ihrer Geburt sind die Kleinen ordentlich gewachsen. Sie sind jetzt ein paar Wochen alt und ganz schön wild. Das Ringelmuster auf ihrem Fell war nur kurz zu sehen. Es tarnt die Neugeborenen in ihrem Versteck. Doch mittlerweile ist das Fell der Kleinen so hell wie das der Löwenmama.

Die Löwin gähnt und streckt ihre Vorderpfoten aus. Für einen kurzen Moment sind die spitzen Krallen zu sehen, die jeder Löwe an seinen Pfoten trägt. Dann zieht sie sie wieder ein und leckt sich mit der rauen Zunge über das Fell. Seit ein paar Tagen ist die Löwenmama unruhig. Das Versteck wird langsam zu klein, denn ihre Jungen wollen am liebsten die ganze Umgebung erforschen. Es wird immer schwieriger, die Rasselbande zusammenzuhalten. Außerdem ist es ziemlich einsam hier, so ganz ohne das Löwenrudel. Eigentlich wäre die Löwin jetzt mit den anderen Löwinnen auf der Jagd. Oder sie läge neben dem riesigen Löwenkater im Schatten eines Baumes. Doch wegen ihrer Jungen musste sie sich für eine Weile ein abgelegenes Versteck suchen. Jetzt ist es Zeit, zum Rudel zurückzukehren! Die Sonne steht schon tief, aber bis es dunkel wird, können sie den Weg zum Rudel schaffen. Entschlossen steht die Löwenmama auf. Wenn heute Abend die Sonne untergeht, sollen die Löwenkinder den Rest ihrer Familie kennenlernen. Die Kleinen merken sofort, dass etwas Spannendes passiert, und

kommen herbeigelaufen. Sobald alle da sind, zieht die Löwin los. Die Jungen folgen ihr. Suchen sie ein neues Versteck? Oder gehen sie gemeinsam jagen? Keines der Löwenkinder war bisher dabei, wenn ihre Mama auf die Jagd gegangen ist. Doch alle haben schon mal einen Käfer gefangen. Und erst neulich hat das Löwenmädchen eine Eidechse gefunden und mit der Pfote angestupst. Wie mutig! Bestimmt passiert auch jetzt etwas richtig Aufregendes! Die Löwin hält auf dem ganzen Weg nicht an. Immer wieder bleibt eines der Jungen zurück, um an einem Stein zu schnuppern oder einem seltsamen Geruch zu folgen. Doch die Löwenmama geht ruhig weiter und führt ihre Kleinen durch die Savanne. Und dann erklingt plötzlich ein lautes Löwengebrüll! Erschrocken bleiben die Löwenkinder stehen. Diese Stimme kennen sie noch nicht!

Das Rudel ist noch genau dort, wo die Löwin es vor vielen Wochen zurückgelassen hat. Mehrere Löwinnen schreiten ihr entgegen. Ihre Schwestern, Cousinen und Tanten begrüßen sie auf Löwenart. Sie reiben die Köpfe aneinander und knurren ihr einen Gruß zu. Auch der Anführer des Rudels, ein riesiger Löwenkater mit dunkler Mähne, sagt der Löwin Guten Tag. Sogar die zweijährigen Löwenbrüder kommen herbeigelaufen, um zu sehen, was hier Interessantes passiert.

So viele große Löwen haben die Kleinen noch nie gesehen. Alle wollen an ihnen schnuppern! Doch wer ist das? Da sind noch andere Löwenkinder!

Auch sie sind mit ihrer Mutter erst vor wenigen Tagen im Rudel angekommen. Alle kleinen Löwen sind gleich alt und schon bald spielen sie wild miteinander.

Als sich die Sonne dem Horizont nähert und es langsam dunkel wird, lassen sich die Löwenkinder erschöpft in den warmen Sand fallen. So ein Rudel ist ganz schön groß! Alle Löwen sind freundlich und passen gemeinsam auf die Kleinen auf. Eines der Löwenkinder hat sogar schon herausgefunden, dass es nicht nur von seiner eigenen Mama Milch bekommt, sondern von allen Löwenmamas. Wenn morgen die Sonne aufgeht, erkunden sie die Umgebung. Vielleicht finden sie dabei ja ein paar Käfer. Oder sie erbeuten eine der schnellen Eidechsen. Ganz sicher jedoch werden die Löwenkinder miteinander raufen und spielen. Doch für heute ist erst mal Schluss. Die Kleinen sind sehr müde. Sie kuscheln sich an ihre Mama und dann schlafen sie ganz friedlich ein.

AFRIKA

Größe:	bis 600 cm
Gewicht:	bis 1500 kg
Nahrung:	Akazienblätter
Tragzeit:	14 Monate
Jungtiere:	1
Lebensweise:	leben allein oder in Gruppen

GIRAFFE

Der Ast des Akazienbaums ist schon ganz kahl. Vorsichtig angelt die Giraffe mit ihrer langen Zunge nach den letzten grünen Blättern. Es ist nichts mehr da. Auch der Zweig nebenan ist schon leer gefressen. Und die anderen hängen so hoch, dass selbst der lange Giraffenhals nicht ausreicht. Es wird wohl Zeit, sich nach einem neuen Baum umzuschauen. Die Giraffe dreht ihren Kopf und späht hinüber zu den anderen Akazien. Die sehen noch schön grün aus. Bestimmt gibt es da noch mehr zu fressen. Als die Giraffe losläuft, spürt sie einen leichten Wind in ihrer kurzen Mähne.

Langsam setzt sie einen Fuß vor den andern. Wie alle Giraffen bewegt sie ihre langen Beine sehr geordnet. Das ist gar nicht so leicht, denn

die Giraffenfüße müssen in genau der richtigen Reihenfolge auf den Boden kommen. Das geht so: Erst macht der Hinterfuß einen Schritt, dann der Vorderfuß. Danach ist die andere Seite dran. Wieder macht erst der hintere Fuß einen Schritt, dann der vordere. Im Passgang erreicht die Giraffe die neuen Bäume. Oh, hier gibt es noch sehr viele Blätter. Das wird ein Festmahl! Die Giraffe streckt ihre lange Zunge heraus und wickelt sie um einen Zweig. Sie rupft ihn ab und zieht ihn in ihr Maul. Genüsslich beginnt sie zu kauen … iiiiiih! Igitt, die Blätter schmecken ja scheußlich!

Die Giraffe dreht ihren Kopf und prüft, woher der Wind weht. Ah! Er kommt von dort drüben, wo sie gerade noch gefressen hat. Kein Wunder, dass die Blätter hier nicht mehr schmecken. Die Akazie warnt jetzt die anderen Bäume. Sie verströmt einen Duft, der mit dem Wind davongetragen wird. Dann stellen alle Akazien einen Stoff her, der die Blätter für kurze Zeit ganz bitter macht. Und davon möchte dann keine Giraffe mehr etwas fressen.

Hier ist also heute nichts mehr zu holen. Vielleicht klappt es ja morgen wieder. Aber der komische Geschmack muss sofort aus dem Maul gespült werden.

Am Fluss ist es friedlich. Die Giraffe läuft zum Ufer und beugt ihren langen Hals langsam nach unten. Doch ihr Maul reicht nicht bis ans Wasser heran. Also stellt die Giraffe ihren linken Vorderfuß etwas weiter nach links und den rechten Vorderfuß etwas weiter nach rechts. Dann versucht sie es noch einmal. Jetzt klappt es. Das Wasser schmeckt köstlich!

Als die Giraffe sich wieder aufrichtet, flattert ein kleiner, grauer Vogel heran und landet auf einem ihrer Hörner. Die Giraffe kennt ihn schon. Alle Giraffen tragen hin und wieder einen Vogel mit sich herum. Manchmal sitzt er auf dem Kopf und manchmal am Hals oder in der Mähne. Der Kleine ist so leicht, dass die Giraffe ihn kaum spürt. Sie bemerkt

auch nicht, dass der Vogel eine Zecke aus ihrem Fell zupft und sich diese schmecken lässt. Als die Giraffe davonschreitet, hält er sich gut

fest und reitet auf ihr mit. Eine ganze Weile bleibt der Vogel still. Doch dann passiert es … Gerade will die Giraffe noch einmal den Kopf senken, um zu trinken, als der Vogel plötzlich laut zu piepen beginnt. Sofort reißt die Giraffe den Kopf hoch. Dieses Geräusch bedeutet, dass der Kleine ein Raubtier gesehen hat. Aufmerksam beobachtet sie ihre Umgebung. Auch die Zebraherde hat etwas bemerkt. Da liegt ein neuer Geruch in der Luft.

Es riecht nach Löwe! Die Zebras ziehen eilig weiter. Doch die feine Nase der Giraffe verrät ihr, dass dies nicht der Geruch eines ganzen Löwenrudels ist. Dafür ist er zu schwach. Treibt sich da ein Löwe allein herum? Vor einem einzelnen Löwen hat die Giraffe keine Angst. Da! Tatsächlich. Ein Löwe tapst heran. Er ist zwar nicht allein, aber eine Gefahr ist das trotzdem nicht. Es ist eine Löwin mit ihren winzigen Löwenkindern. Die Löwengruppe sieht aus, als wäre sie irgendwohin unterwegs. Die Löwenmama geht einfach weiter. Ihre vier Kleinen bleiben jedoch stehen und schauen neugierig herüber. So ein großes Tier haben sie noch nie gesehen. Kann man an diesen langen, gefleckten Beinen schnuppern?

Warnend stampft die Giraffe mit ihren harten Hufen auf den Boden. Löwen will sie nicht in ihrer Nähe haben – nicht mal so kleine. Die Raubkatzenkinder wissen es bestimmt noch nicht, aber mit einer Giraffe ist nicht zu spaßen. Sie kann sehr fest zutreten und sie will niemals spielen! Selbst die großen Löwen trauen sich oft nicht in ihre Nähe. Aber das Stampfen der Giraffenfüße genügt, damit die Kleinen verstehen, dass sie weiterlaufen sollen. Eines nach dem anderen dreht

sich um und tapst der Löwenmama hinterher. Schon bald sind alle Löwen verschwunden.

Zufrieden schnaubt die Giraffe durch die Nase. Na also. Als die Sonne untergeht, ist wieder alles ruhig am Fluss. Die Giraffe sucht sich einen Schlafplatz unter einem hohen Baum. Sie schläft wie immer im Stehen und nur ganz kurz. Schlafen, aufwachen, schlafen, aufwachen. So geht das die ganze Nacht. Morgen wandert die Giraffe weiter. Als erstes zu den Akazien. Sie muss probieren, wie die schmecken.

ASIEN

Größe:	bis 180 cm
Gewicht:	bis 140 kg
Nahrung:	Insekten
Tragzeit:	4-7 Monate
Jungtiere:	1-3, häufig Zwillinge
Lebensweise:	leben allein

LIPPENBÄR

Als der Abend über den Monsunwald hereinbricht, wird es langsam stiller. Auch die Vögel werden leiser und hören dann ganz auf zu singen. Fliegen und Käfer suchen sich ein ruhiges Plätzchen für die Nacht – an der Unterseite eines Blattes oder an der Rinde eines Baumes. Die Spinnen machen es anders. Sie kommen erst jetzt aus ihrem Versteck, setzen sich in die Mitte ihres Netzes und warten darauf, dass sich eines der vielen Nachtinsekten in den klebrigen Fäden verheddert. Eine Weile ist es still im Wald. Doch was ist das? Es raschelt und knackt im Gebüsch! Eine Fliege ist das nicht und auch keine Spinne. Nein, dieses Tier ist viel größer. Es schnauft und brummt und knickt ein paar Zweige um, als es sich aus seinem Versteck im Gebüsch herausschiebt.

Mit einem zufriedenen Seufzen schüttelt die Lippenbärenmama ihr dichtes schwarzes Fell. Dann streckt sie sich und kratzt sich vorsichtig mit ihren langen Krallen an der Nase. Lippenbärenkrallen sind richtig stark und außerdem gebogen. Kein anderer Bär hat solche Krallen. Der

Lippenbär wird auch Faultierbär genannt, weil seine Pfoten so aussehen wie die eines Faultiers.

Jetzt kann es losgehen. Die Bärenmama sucht nach etwas Fressbarem. Aber zuerst kümmert sie sich um das Bärenkind, das die ganze Zeit schon ungeduldig an ihrem Fell zupft. Es will, dass sie stillhält, damit es auf ihren Rücken klettern kann. Geduldig wartet die Bärenmama, bis das Kleine oben angekommen ist. Erst dann läuft sie los und der kleine Bär reitet mit. In den letzten Monaten hat die Bärin sehr leckere Früchte und Blüten gefressen. Im Monsunwald, in dem sie ihr Junges zur Welt gebracht hat, wachsen Bäume, Büsche und andere Pflanzen. Der Wald heißt genauso wie der Monsun – der starke Regen, der manchmal vom Himmel fällt. Während der Regenzeit ist der Wald eigentlich immer nass. In der Trockenzeit hingegen ist der Boden staubig und dann rascheln die Blätter unter den weichen Bärentatzen. In dieser Nacht hat die Bärenmama ein besonderes Ziel.

Irgendwo hier in der Nähe hat sie gestern etwas sehr Köstliches gerochen. Langsam trottet sie durch den nächtlichen Wald. Das Bärenkind liegt flach auf ihrem Rücken und klammert sich mit den kleinen Tatzen fest. Von hier oben kann es gut beobachten, was die Bärenmama macht. Gerade bleibt sie stehen und schnuppert am Boden. Was sucht sie bloß? Fast niemand kann besser erschnuppern, wo es etwas Fressbares gibt. Die Bärenmama kann wirklich sehr gut riechen. Auch das Bärenkind hält die Nase in die Luft. Hier oben riecht der Wald eigentlich nur nach ... Wald. Warum schnüffelt die Bärenmama dann nur am Boden?

Da! Die Bärin bleibt erneut stehen. Mit ihrer feinen Nase nimmt sie einen schwachen Duft wahr. Der Erdhügel da vorn riecht äußerst gut. Das Bärenkind hält sich noch ein bisschen besser fest, als seine Mama hin und her läuft, um die richtige Stelle zu finden. Offenbar ist sie jetzt fündig geworden. Als die Bärin zu graben beginnt, rutscht das Kleine von ihrem Rücken und schaut neugierig zu. Die Bärenmama schiebt ihre Krallen in die Risse der harten Erde und bricht große Brocken heraus. Im Nu entsteht ein Loch im Boden und darunter kommt ein dunkler Tunnel zum Vorschein.

Wer hätte das gedacht! In dem Erdhügel leben Tausende winzig kleiner Tiere. Die Termiten sehen ungefähr so aus wie Ameisen und krabbeln wie wild hin und her. Es gefällt ihnen gar nicht, dass sie gestört werden. Aufgeregt schubst der kleine Bär auch ein paar Erdbrocken beiseite. Das also haben sie gesucht!

Mit einem lauten Schnauben pustet die Bärin Erde vom Termitentunnel weg. Dann stülpt sie ihre Ober- und Unterlippe nach vorn und bildet damit eine lange Röhre. Sie steckt ihre Nase in das wimmelnde Insektennest und saugt kräftig Luft ein: „Ffffft!"

Wie mit einem Staubsauger holt sie die Termiten aus ihrem Bau und verschlingt sie. Das Bärenkind läuft um sie herum und versucht, die kleinen Krabbler mit der Tatze einzufangen. Sind die schnell! Fressen möchte es die seltsamen Tiere lieber nicht. Mama hat schließlich genug leckere Milch.

Als die beiden Bären sich wieder auf den Weg machen, lassen sie das ausgeräuberte Termitennest einfach so, wie es ist. Überall liegen Erdbrocken herum und der Nesteingang ist jetzt viel größer als vorher. Doch die Termiten sind schon dabei, ihren Bau zu reparieren. Schließlich ist das nicht der erste Bär, den sie treffen. Mit vereinten Kräften graben sie die Gänge wieder frei und mauern die Wände mit Spucke und Erde fest. Schon bald ist der Bärenbesuch vergessen. Und auch die Bärin und ihr Junges denken nicht mehr ans Fressen.

Jetzt ist das Kleine sehr müde. Kein Wunder, es ist ja auch schon Schlafenszeit. Bestimmt geht gleich die Sonne auf. Auf dem Rücken seiner Mama lässt sich das Bärenkind durch den nächtlichen Monsunwald

tragen. Als schließlich der Morgen hereinbricht, beginnen die ersten Vögel zu singen. Viele Tiere recken und strecken sich nach einer langen Nacht im gemütlichen Nest.

Nur die Bärin sucht sich mit ihrem Bärenkind ein kuscheliges Gebüsch und rollt sich dort zusammen. Morgen Nacht gehen sie wieder auf Nahrungssuche. Mal sehen, was sie dann finden …

ASIEN

Größe:	bis 150 cm
Gewicht:	30-90 kg
Nahrung:	Früchte, Zweige, Insekten
Tragzeit:	8-9 Monate
Jungtiere:	1
Lebensweise:	leben allein

ORANG UTAN

Heute ist es so weit. Das Orang Utan-Kind verbringt das erste Mal die Nacht im eigenen Nest – vielleicht. Oder vielleicht doch nicht? Seit Wochen geht das nun schon hin und her. Eigentlich könnte der kleine Affe am Abend in sein eigenes Nest klettern. Er hat längst gelernt, wie man eines baut. Doch irgendwie kommt immer etwas dazwischen und der Kleine schläft doch wieder bei seiner Mama. Dann wird sein Nest zwar fertig, aber es bleibt leer. Es gibt so viele Gründe dafür! Manchmal sind die Blätter, die das Affenkind herbeiträgt, nicht weich genug. Oder sie sind zwar weich, aber das Nest sieht trotzdem ungemütlich aus. Manchmal ist am Tag einfach so viel Aufregendes passiert, dass allein schlafen einfach überhaupt nicht infrage kommt. Und außerdem

sind da ja auch noch diese Geräusche. Der Regenwald von Sumatra ist nachts einfach nie still! Das kann ganz schön unheimlich sein.

Am Tag ist es auch nie leise. Aber da ist es draußen sehr spannend. Wenn der Kleine mit seiner Mama durch den Wald wandert, ist das ein richtiges Abenteuer. Heute haben sie schon einen umgekippten Baum gesehen und einen großen, bunten Vogel getroffen. Der kleine Affe sieht so viel Neues! Wie immer sind Mama und Kind allein unterwegs. Als sie Rast machen, pflückt Mama eine weiche Frucht vom Baum und

beißt hinein. Der Kleine kuschelt sich an sie und schaut genau zu. Eigentlich kann er noch Milch trinken, aber was seine Mama da frisst, riecht wirklich sehr lecker. Er könnte es ja mal probieren …

Mutig lässt das Affenkind das lange, rote Fell seiner Mama los und klettert zu den süßen Früchten hoch. In letzter Zeit traut es sich viel mehr zu als früher. Als sie schließlich wieder aufbrechen, lässt es sich nicht mehr tragen, sondern sucht sich seinen Weg durch die Bäume allein. Das klappt ja richtig gut! Furchtlos schwingt es sich an seinen langen Armen von Ast zu Ast. Seine Mama hangelt sich vor ihm her und der kleine Affe passt gut auf, welche Richtung sie einschlägt. Das Klettern ist gar nicht so schwer! Hände und Füße wissen wohl von ganz allein, was sie tun sollen.

Im Regenwald gibt es so viele spannende Dinge zu entdecken. Kennst du diese seltsamen kleinen Tiere mit den bunten Segeln auf dem Rücken? Die können fliegen, und landen gerne auf bunten Blüten. Manchmal entdeckt der Kleine etwas Langes, Dünnes, das keine Beine hat und sich auf dem Bauch davonschlängelt. Von Schlangen hält sich die Mama immer fern. Deshalb macht der kleine Orang Utan es ebenso. Gerade schwingen sich die beiden Affen auf einen neuen Baum, da ertönt plötzlich ein lauter Vogelruf. Sofort hält die Mama an und dreht sich nach dem Kleinen um. Diesen Ruf kennen sie schon. So klingt es, wenn einer der Regenwaldvögel am Boden etwas Gefährliches entdeckt hat.

Ist das Orang Utan-Kind heute mutig? Ja, es fühlt sich stark genug! Ganz allein klettert es auf den nächsten Baum und zieht sich an einem

Ast nach oben. Von hier aus kann es sehen, was am Boden passiert. Und tatsächlich. Dort unten bewegt sich etwas. Eine riesige gestreifte Katze schleicht auf weichen Pfoten durchs Unterholz. So ein Tier hat das Affenkind schon mal gesehen. Und darum klettern die Orang Utans fast nie von ihren Bäumen herunter. Es ist ein Tiger und er hat sehr scharfe Krallen und spitze Zähne. Er kann sogar ein bisschen klettern. Aber die Affen können das viel besser. Das Affenkind bleibt ganz ruhig sitzen und schaut dann zu seiner Mama hinüber. Auch sie beobachtet, was am Boden vor sich geht. Dabei hält sie sich nicht mal am Baum fest. Sie hebt sogar ihre Hände zum Mund, formt sie wie einen Trichter und ruft dann eine Warnung in den Wald hinein. Alle Orang Utans, die in der Nähe sind, wissen jetzt, dass da ein Raubtier durch den Wald schleicht, und passen besonders gut auf.

Der Tiger lässt sich von dem Affengeschrei überhaupt nicht stören. Er tapst vorbei und schaut nicht nach oben. Stattdessen läuft er weiter und … was ist denn das? Der großen Katze folgen zwei kleinere. Das muss eine Tigermama mit ihren Kindern sein. Bestimmt sind sie auch auf einem Ausflug, genau wie die Affen! Alle drei Tiger rascheln durch das Laub und verschwinden dann zwischen den Büschen. Das Affenkind schaut ihnen hinterher. Es hat gar keine Angst! Obwohl da ein Tiger im Wald war, fühlt es sich noch immer stark und mutig. Das ist großartig!

Als der Abend hereinbricht und die Sonne untergeht, bereiten die Affenmama und ihr Kind sich auf die Nacht vor. Sie rupfen große Blätter von den Bäumen und formen daraus zwei kuschelige Nester. Heute

gelingt dem kleinen Affen der Nestbau besonders gut. Die Blätter sind weich und das Nest sieht auch noch sehr bequem aus. Die Affenmama zupft ihr Kleines noch kurz am Fell und krault es an den Ohren. Dann klettert sie in ihr Schlafnest und der kleine Affe hüpft in sein eigenes. Als er die Augen schließt, dringen die Geräusche des Regenwaldes wieder an sein Ohr. Eigentlich sind sie gar nicht so unheimlich. Das Orang Utan-Kind hört das Rauschen der Blätter, den Ruf von ein paar Affen und Vogelstimmen. Es ist plötzlich sehr müde. Und bevor es sich noch einmal umgedreht hat, ist es schon tief und fest eingeschlafen.

ASIEN

Größe:	bis 270 cm
Gewicht:	bis 5400 kg
Nahrung:	Gräser, Zweige, Blätter
Tragzeit:	22 Monate
Jungtiere:	1
Lebensweise:	leben in Gruppen

ELEFANT

Als die ersten Sonnenstrahlen auf den schlammigen Boden des einge-trockneten Wasserlochs fallen, wird die erste Elefantenkuh unruhig. Sie wackelt mit den kleinen Ohren und tritt von einem Bein auf das andere. Jetzt sind alle Elefanten nervös. Das Wasserloch, an dem sie die Nacht verbracht haben, ist nur noch Matsch. Hier gibt es nicht mehr genug zu trinken.

Auch das jüngste Mitglied der Herde merkt, dass etwas nicht stimmt. Das Elefantenkind ist erst wenige Wochen alt. Es reicht den anderen Elefanten gerade einmal bis zum Bauch. Wenn es Milch aus dem Euter seiner Mutter trinken will, muss es sich weit strecken, um mit dem Maul an die Zitzen zwischen ihren Vorderbeinen heranzukommen. Für

den kleinen Elefanten gibt es immer etwas zu trinken, doch er hat schon verstanden, dass die anderen lieber Wasser mögen. Keiner aus seiner Herde trinkt Milch aus einem Euter. Alle gehen lieber ans Wasserloch. Aber dort gibt es jetzt kein Wasser mehr.

Doch was macht es denn schon, dass das Wasser weg ist? Begeistert wühlt das Elefantenkind im weichen, matschigen Boden. Das macht so tolle schmatzende Geräusche und jeder Schritt ist ganz glitschig. Wieso finden die Großen das denn nicht spannend? Die Elefantenkühe laufen am Rand des ehemaligen Tümpels entlang und prüfen den Boden mit ihrem langen Rüssel. Auch die Mama des Kleinen scheint etwas zu suchen. In der Gruppe der Elefanten gibt es keine Leitkuh. Doch eine der alten Kühe trompetet kurz und läuft dann einfach los. Sofort folgen ihr die anderen.

Verwirrt schaut der kleine Elefant vom Matschboden auf. Er sieht nur noch ein paar große Elefantenpopos, die hinter ein paar Büschen verschwinden. Auch seine Mama ist mitgegangen. Eilig läuft der Kleine seiner Herde hinterher. Wo sind sie? Ah, da ist Mama! Sie berührt das aufgeregte Jungtier beruhigend mit dem Rüssel und pustet ihm ein bisschen Staub von der Stirn. Heute sind sie in einer Herde unterwegs, die aus vielen kleinen Gruppen besteht. Sonst ziehen sie immer getrennt umher, aber jetzt sind sie für eine Weile zusammen. Das Elefantenkind trabt hinter den Großen her. Aber plötzlich bleiben sie stehen. Ein paar Tiere trompeten aufgeregt. Sie haben etwas gerochen. Einen Tiger! Sofort sucht das Elefantenkind zwischen den mächtigen Beinen seiner Mama Schutz. Aber dann erkennen die Elefantenkühe,

dass der Geruch schon ein paar Tage alt ist. Es besteht keine Gefahr mehr. Die Raubkatze ist schon lange fort. Das Elefantenkind sieht, wie seine Mama den Boden mit ihrem Rüssel beschnuppert. Sie reißt ein

Büschel Gras ab und stopft es sich ins Maul. Das beruhigt. Wenn Mama frisst, ist es hier bestimmt sicher. Dann kann es ja weitergehen.

Die Elefanten laufen. Und laufen. Das Elefantenkind ist müde, aber sie machen nur eine kurze Pause. So eine lange Wanderung hat der kleine Elefant noch nie gemacht. Bestimmt suchen die Großen ein neues Wasserloch. Der kleine Elefant hat unterwegs Milch getrunken. Jetzt mag er nicht mehr weiterlaufen. Aber seine Mama und die anderen Elefantenkühe wollen weiter. Jeder Schritt der riesigen Tiere ist ganz leise. Sie kommen gut voran, auch wenn sich niemand richtig beeilt. Gemächlich

setzen die Elefanten ihre breiten Füße auf den Boden und heben sie dann leise wieder an. Der Kleine hat gleich nach seiner Geburt gelernt, wie das geht. Er bewegt erst die Füße einer Seite – schön nacheinander. Dann die Füße der anderen Seite – wieder nacheinander. Auf dem staubigen Boden hinterlassen die Elefanten runde Fußabdrücke und manchmal – aber nur manchmal – auch ein paar riesige runde, grüne Kothaufen. In denen kannst du noch die Reste der Pflanzen sehen, die die Großen gefressen haben.

Gerade durchquert die Herde ein kleines Wäldchen, da ertönt auf einmal ein tiefes Brummen. Das ist laut! Doch die Vögel auf den Bäumen lassen sich überhaupt nicht stören. Sie singen einfach weiter. Ob sie den lauten Ton vielleicht gar nicht gehört haben? Die Elefantenkühe hingegen haben den Ruf sofort bemerkt. Irgendwo in weiter Ferne ruft ein anderer Elefant. Die Elefantenmama holt Luft und antwortet. Das Elefantenkind kann solche tiefen und lauten Töne noch nicht nachmachen. Die anderen hingegen schon. Mit Tönen, die außer den Elefanten niemand hören kann, unterhalten sie sich mit einer anderen Herde. Die neuen Elefanten müssen wirklich sehr weit weg sein. Der Kleine kann sie noch nicht sehen und auch nicht riechen. Aber hören kann er sie schon gut.

Als die Elefantenherde das kleine Wäldchen hinter sich lässt, wird endlich klar, wohin sie den ganzen Tag so eilig gewandert ist. Die Elefanten haben wirklich nach Wasser gesucht! Da ist es. Ein richtiger Fluss. Am Ufer steht eine Herde junger Elefantenbullen. Sie waren es, die das Elefantenkind vorhin gehört hat.

Die neue Wasserstelle ist groß und viel schöner als die alte. Hier können die Elefanten nicht nur trinken, sondern auch baden! Mit ihrem Rüssel saugen die Elefantenkühe das Wasser auf und spritzen es sich auf den Rücken. Das Elefantenkind wagt sich sogar bis zum Bauch ins Wasser hinein. Das tut gut!

Als die Nacht hereinbricht, hat der kleine Elefant sich an der Milch seiner Mama satt getrunken und die Herde steht eng beisammen. Morgen werden sie noch nicht weiterziehen. Bestimmt kann der kleine Elefant dann den ganzen Tag lang spielen und planschen.

AUSTRALIEN

Größe:	bis 180 cm
Gewicht:	30-60 kg
Nahrung:	Gras, Blätter, Rinde
Tragzeit:	33 Tage
Jungtiere:	1-2
Lebensweise:	leben allein oder in Gruppen

ROTES RIESENKÄNGURU

Australien ist bekannt für seine vielen verschiedenen Beuteltiere. Eines davon liegt gerade im Schatten eines Baumes und sucht Schutz vor der sengenden Sonne. Die Kängurumama hat sich lang ausgestreckt und die Augen geschlossen. Ab und zu blinzelt sie, um zu sehen, ob die anderen Kängurus sich vielleicht bewegt haben. Die anderen liegen nur zufällig unter demselben Baum wie die Kängurumama. Eigentlich sind sie gar nicht zusammen unterwegs, aber wenn es so heiß ist wie heute, teilen sie sich gerne ein Stück Schatten. In der Umgebung wächst außerdem so viel Gras, dass die Kängurus sich auch noch die Mahlzeiten teilen. Jetzt gerade ist es allerdings zu warm, um zu fressen.

Doch plötzlich kommt Bewegung in die Gruppe. Eines der Kängurus springt auf und verschwindet mit großen Sprüngen zwischen den Bäumen. Was ist los? Auch die anderen Kängurus stehen vorsichtshalber

auf und stellen die großen Ohren auf. Ihre feinen Nasen halten sie in den Wind. Da! Ein Dingo! Gleich darauf taucht ein zweiter auf.

In Windeseile suchen sich alle Kängurus einen Weg zum Flüchten. Wo zwei Dingos sind, ist vielleicht auch ein ganzes Rudel. Das kann gefährlich werden.

Nur die Kängurumama bleibt ganz ruhig. Mit Dingos ist sie schon früher fertig geworden. Und diese beiden sehen ganz und gar nicht nach einem gefährlichen Rudel aus. Aber sie haben Hunger und ganz bestimmt haben sie schon mal Kängurus gejagt. Deshalb macht jetzt auch die Kängurumama ein paar große Sprünge von ihnen weg.

Doch die Dingos folgen ihr. Offenbar haben sie beschlossen, dass dieses Känguru ihr Abendessen werden soll. Da hilft nur noch eines. Die Kängurumama bleibt stehen und dreht sich um. Sie blickt den beiden Dingos direkt in die Augen und wartet. Als die wilden Hunde nahe genug herangekommen sind, geht sie zum Angriff über. Sie stützt sich auf ihren langen Schwanz und hebt die Hinterbeine. Die Schwanzmuskeln sind so stark, dass sie das ganze Känguru allein tragen können. Die Kängurumama zieht die langen Hinterbeine eng an den Körper, und als die Dingos nach vorn springen, tritt sie fest zu. Gewonnen!

Winselnd ziehen sich die Dingos zurück. Das tat weh. Damit haben sie nicht gerechnet. Das Känguru tritt aus! Bevor die Hunde wissen, wie ihnen geschieht, hat sich die Kängurumama auch schon umgedreht und springt davon.

Bei jedem Sprung landet sie mit beiden Füßen auf dem harten Boden und knickt dabei ein bisschen ein. Dann federn die langen Beine nach

und sie macht einen weiteren Sprung. Ihren Schwanz streckt sie dabei nach hinten aus und hält so das Gleichgewicht. Wenn sie wollte, könnte die Kängurumama glatt über drei oder vier andere Kängurus hinwegspringen, aber das ist zum Glück nicht nötig. Sie ist nämlich seit einiger Zeit etwas schwerer als sonst und auch ein bisschen unbeholfener. Als sie die Dingos abgehängt hat, macht die Kängurumama an einem dichten Gebüsch Rast. In der Nähe sitzen schon ein paar andere Kängurus und fressen. Die Dingos werden wohl so schnell nicht wieder auftauchen. Auch die Kängurumama sucht sich eine Stelle mit saftigem Gras. Sie beugt den Kopf nach unten und stützt sich mit den kurzen Vorderbeinen am Boden ab. Doch bevor sie fressen kann, öffnet sich plötzlich der Beutel vorn an ihrem Bauch.

Ein Kängurukind schaut hervor. Bestimmt war das ganze Gehüpfe ziemlich schaukelig, dort unten im Beutel. Die Kängurumama lässt das Kleine aus dem Beutel klettern.

Das Kängurukind hat bereits genauso lange Beine wie sie. Es stützt sich schon wie die Großen mit den Vorderbeinen am Boden ab und schnuppert dann am Gras. Es ist jetzt genau 199 Tage her, dass das Kängurukind geboren wurde. Und erst seit einer Woche traut es sich ab und zu aus dem Beutel heraus. Am Anfang war es noch viel zu klein für die Welt hier draußen. Es war nur so groß wie ein Gummibärchen und hatte noch kein Fell. Aber jetzt ist es mächtig gewachsen und kann nach draußen. Die Kängurumama macht ein paar vorsichtige Schritte auf das Kleine zu. Nach der langen Zeit im Beutel ist das Kängurukind so viel Bewegung gar nicht gewohnt und wird schnell müde. Der Beutel

eignet sich am besten zum Ausruhen. Auch die Zitze mit der Milch befindet sich darin. Die Kängurumama beugt sich nach vorn. Kopfüber taucht das Kängurukind wieder in den Beutel. Zuerst verschwindet die Nase, dann sind die Vorderbeine und dann die Hinterbeine dran. Zuletzt kannst du die dünne Schwanzspitze in der Beutelöffnung verschwinden sehen. Drinnen rollt sich das Kleine gemütlich zusammen

und kuschelt sich an die warme Beutelwand. Die langen Hinterbeine zieht es an den Körper heran. Den kräftigen Schwanz wickelt es um sich herum. Es dauert gar nicht lange, da ist das Kängurukind auch schon eingeschlafen. Und was macht die Kängurumama? Die findet nun wieder einen schönen Platz im Schatten und schließt die Augen. Endlich Ruhe!

KOALA

Hier am Boden riecht es nach Dingo. Der Koala weiß, dass das ein schlechtes Zeichen ist. Ein Dingo kann nämlich richtig gefährlich werden. Diese wilden Hunde haben scharfe Zähne und eine gute Nase. Orte, an denen es nach Dingo riecht, gefallen dem Koala nicht. Der staubige Boden gefällt ihm auch nicht. Eigentlich sind Koalas nur selten auf der Erde. Viel lieber sitzen sie hoch oben auf einem Baum. Doch hier in Australien ist es in letzter Zeit sehr heiß gewesen. Bäume und Sträucher sind genauso trocken wie die Erde. Sie fangen leicht an zu brennen und tatsächlich hat gerade erst ein Feuer im Eukalyptuswald gewütet. Die Flammen gingen zwar schnell wieder aus, aber der Lieblingsbaum des Koalas hat trotzdem ziemlich viele Blätter verloren.

Jetzt gibt es dort nicht mehr genug Futter, um einen hungrigen Koala satt zu machen. Ein neuer Baum muss her und deshalb läuft der Koala jetzt über den staubtrockenen Boden. Koalas leben zwar am liebsten allein, aber das wird auf Dauer dann doch ganz schön langweilig. Vielleicht findet der Koala ja einen anderen Koala?

Vorsichtig reckt er seine empfindliche Nase in die Luft. Der Dingo-Geruch ist noch da, aber jetzt duftet es auch nach Blumen und Wasser.

Der Koala entscheidet sich für die Richtung, aus der der köstliche Wassergeruch kommt. Wo Wasser ist, da wachsen auch Bäume.

Wie immer, wenn er sich beeilen will, hüpft der Koala erst mit den Vorderbeinen voran und dann mit den Hinterbeinen nach. Das sieht lustig aus, so als würde er hopsen. Aber er kommt dadurch schnell voran und das ist das Wichtigste. Am Boden ist es einfach nicht sicher. Wo sind denn bloß die Bäume?

Der Koala läuft weiter und überquert eine verlassene Landstraße. Schon bald riecht es nicht mehr so stark nach wildem Hund und dem Rauch des Feuers. Stattdessen erschnuppert der Koala Eukalyptusblätter. Die würde er unter Tausenden wiedererkennen! Schon im Beutel der Mama lernen kleine Koalas diesen Duft kennen. Sie riechen ihn, noch bevor sie ihr erstes Blatt gefressen haben. Irgendwo dort vorn muss es ein paar sehr große Eukalyptusbäume geben.

Angekommen! Mit einem Satz springt der Koala vom Boden ab und zieht sich an der Rinde eines Baumes hoch. Mit seinen langen Krallen hält er sich fest und klettert in Windeseile auf einen der höheren Äste. Sofort fühlt er sich wohler.

Der Baum ist hoch genug, damit ein Koala darauf schlafen kann, und seine Blätter riechen genau richtig. Der Koala ist der Einzige, der sich traut, die Blätter im Eukalyptuswald zu fressen. Kein Wunder, die sind ja auch schließlich ziemlich giftig. Aber dem Koala macht das nichts aus. Er bemerkt es nicht einmal. Wie dieser Baum wohl schmeckt? Mit der Vorderpfote zieht der Koala einen Ast heran, schnuppert nacheinander an allen Blättern und sucht dann sorgfältig ein paar

davon aus. Die sind lecker! Trinken muss er heute nicht. Das macht er ohnehin nur selten und gerade hat er überhaupt keinen Durst.

Bevor der Koala sich auf seinem neuen Baum weiter umschauen kann, hört er plötzlich ein Geräusch. Da raschelt doch etwas! Tatsächlich! Auf dem Nachbarbaum sitzt ein Tier. Zwischen den Blättern hindurch schimmert ein Stückchen graues Fell. Was ist das? Das Fell hat ja genau die gleiche Farbe wie sein eigenes. Ist das etwa …? Ja! Auf dem Nachbarbaum sitzt ein anderer Koala. Er hat offenbar bis jetzt geschlafen und blinzelt nun aus müden Augen herüber. Die Koalas schauen sich an. Jeder versucht herauszufinden, was der andere denkt. Will er streiten oder ist er friedlich? Nach einer Weile ist klar: Alles bleibt ruhig. Der Koala auf dem Nachbarbaum sieht sogar richtig freundlich aus. Den könnte er morgen vielleicht mal besuchen gehen. Trotzdem reibt der Koala vorsichtshalber seine Brust an der Baumrinde und markiert sie mit seinem Geruch. So weiß der andere, dass dieser Baum besetzt ist.

Dem Koala fallen langsam die Augen zu. Das viele Laufen hat ganz schön müde gemacht. Vorsichtig streicht er sich mit einer Vorderpfote über das flauschige, graue Fell und die wuscheligen, runden Ohren. Kein Wunder, dass er so schläfrig ist. Es ist ja auch mitten am Tag. Die Baumsuche hat alles durcheinandergebracht, denn eigentlich sollte der Koala erst in der Nacht richtig wach werden. Bis dahin sind noch ein paar Stunden Zeit. Mal sehen, ob es hier einen guten Schlafplatz gibt. Der Stamm ist zu glatt. Und der Ast, auf dem der Koala gerade sitzt, ist zu dünn. Der Boden kommt natürlich überhaupt nicht infrage. Das ist viel zu gefährlich! Aber die Gabelung ganz oben im Baum sieht

sehr gemütlich aus – genau richtig für ein Schläfchen. Da wächst ein dicker Ast aus dem Stamm heraus und es gibt viel Platz. Der Koala klettert vorsichtig hinauf. Gut, dass der Koalapopo besonders viel Fell hat. Das ist ein bequemes Polster. Außerdem klemmt der Koala damit

zwischen den Ästen fest und kann im Schlaf nicht vom Baum fallen. Es ist ganz schön schwer, die Augen offen zu halten. Der Koala blinzelt noch einmal kurz zum Nachbarbaum hinüber. Der andere schläft schon wieder. Auch er sitzt in einer Astgabel. Der Koala schließt seine Augen. Wenn die Nacht anbricht, kann er den anderen ja mal besuchen. Bestimmt sind sie beide dann wacher. Aber jetzt muss er erstmal schlafen.

AUSTRALIEN

Größe:	bis 400 cm
Gewicht:	bis 600 kg
Nahrung:	Fische
Tragzeit:	12 Monate
Jungtiere:	1
Lebensweise:	leben in Gruppen

GROSSER TÜMMLER

In der Delfingruppe herrscht Aufregung. Eine Geburt steht kurz bevor und alle bleiben unter Wasser dicht zusammen. Als es so weit ist, kommt das Delfinkind mit der Schwanzflosse zuerst auf die Welt. Sofort stupst seine Mama es nach oben, damit es an der Oberfläche Luft holen kann. Das Kleine ist schlau. Es versteht sofort, dass es im Wasser die Luft anhalten muss. Will es atmen, taucht es auf. Die Delfine haben schon lange auf das jüngste Gruppenmitglied gewartet. Jetzt ist es endlich da.

Einige der Großen wollen deshalb besonders vorsichtig sein. Sie schicken knackende Töne ins Meer hinaus, die in der Ferne davontreiben. Als keiner davon zurückkommt, sind die Delfine beruhigt. Vorhin

haben sie einen Weißen Hai in der Nähe vorbeischwimmen sehen. Hier an der australischen Küste ist das eigentlich gar nichts Besonderes. Und ein Treffen mit einem Raubfisch ist auch kein Problem. Aber manche Haie machen eben gerne Jagd auf junge Delfine. Deshalb sind heute alle ein bisschen vorsichtiger als sonst.

Für das Delfinkind ist alles neu und spannend. Das Meer ist ruhig und die Sonne scheint hinein, sodass unter Wasser alles ganz blau aussieht. Das Delfinkind schwimmt neben seiner Mama her und schaut sich alles genau an. Eine Tümmlergruppe heißt Schule. Und diese Delfinschule hat nicht zum ersten Mal ein Baby dabei. Die Mama des Kleinen weiß ebenso wie die anderen Delfine, dass man ein Delfinkind am besten beschützt, indem man zusammenbleibt. Deshalb haben sie auch keine Angst vor großen Fischen. Kein Hai würde sich an die sieben Delfine herantrauen. Denn auch Haie sind schlau. Sie wissen, dass eine Delfinnase ganz schön spitz ist. Und wer will schon von einer Delfinmama angerempelt werden?

Heute sind die Delfine auf dem Weg zur Küste, wo das Wasser flacher ist als hier. Das Delfinkind wurde gerade zum richtigen Zeitpunkt geboren. Vor einiger Zeit haben die Delfine nämlich etwas Neues entdeckt und das wollen sie heute ausprobieren.

Das Delfinkind passt genau auf, wo seine Mutter ist, und folgt ihr überall hin. Es sieht sofort, dass auch andere Delfine gerne nebeneinanderschwimmen. Die beiden älteren Delfinjungen rempeln sich spielerisch an, um herauszufinden, wer der Stärkste ist. Andere Delfine gehen sanfter miteinander um. Eine Delfinmama und ihre große Tochter schwimmen so dicht nebeneinander her, dass sich ihre Seiten immer wieder berühren. Das Delfinkind schaut sich gut an, was die anderen vormachen. Wie das Schwimmen geht, musste ihm aber niemand zeigen. Das konnte es von Anfang an. Es ist gar nicht schwer: Das Kleine schlägt mit der Schwanzflosse nach oben und dann nach unten. Auf

und ab. Hui, ist das schnell. So kann es schon richtig gut mit den anderen mithalten. Wo sie wohl hinschwimmen?

Als das Wasser flacher wird, werden die Delfine langsamer. Ab hier können sie den Boden sehen, auch wenn sie an der Wasseroberfläche sind, um Luft zu holen. Das Delfinkind erfährt heute ein Geheimnis, etwas ganz Besonderes, was die anderen schon kennen. Auch die Männchen kennen es, aber die Mamas sind es, die es ihren Kindern zeigen.

Neugierig folgt das Delfinkind den anderen zum Grund des Meeres. Hier liegen große Steine und der Boden ist mit scharfen Kieseln bedeckt. Dazwischen verstecken sich leckere Tiere, aber die kantigen Steine können auch seine Nase verletzen. Der kleine Delfin muss vorsichtig sein. Wie wollen die Großen hier an etwas zu Fressen herankommen? Der kleine Tümmler sieht, dass seine Mama etwas gefunden hat. Frisst sie es? Nein, sie taucht nach unten, steckt ihre Schnauze in ein weiches Stück Schwamm und hebt ihn vom Boden auf. Ein Stück treibt davon und begeistert nimmt das Delfinkind die Verfolgung auf. Das kann es jagen! Aber was ist das? Es fühlt sich weich an, aber keiner der Großen will es fressen. Stattdessen suchen sich alle so ein seltsames Ding und stülpen es über ihre Nasen.

Schon bald haben alle Delfine Schwammnasen. Die beiden Delfinjungen machen sich einen Spaß daraus, ihre Schwämme ins Meer hinaustreiben zulassen. Dann flitzen sie los und holen sie zurück. Ist das ein Spiel? Das Delfinkind wundert sich. Doch dann sieht es, was das Geheimnis ist: Die Großen wühlen mit ihrer Schnauze im Boden herum und wirbeln dabei allerlei leckere Nahrung hoch. Ohne die weichen Schwämme täte das bestimmt weh, aber so geht es ganz leicht. Die Delfine sind die Einzigen, die wissen, wie man hier etwas zu Fressen bekommt. Für die anderen Tiere ist der Boden zu kratzig. Ein großartiger Trick!

Das Delfinkind schnappt nach einem kleinen Fisch, doch hinunterschlucken möchte es ihn dann doch nicht. Lieber bleibt es bei der Milch, die es bei seiner Mutter bekommt. Die schmeckt viel besser als

ein zappelnder Fisch. Als die Delfine sich satt gefressen haben, streifen sie die Schwämme ab und lassen sie zu Boden sinken.

Das Delfinkind hat vom vielen Spielen einen Riesenhunger bekommen. Alle schwimmen ganz langsam, damit es in Ruhe bei seiner Mama trinken kann. Für heute haben sie genug erlebt. Die Delfine ziehen an der Küste entlang und schwimmen dann ins offene Meer hinaus. In der Mitte der Gruppe, wo es am sichersten ist, schwimmt die Delfinmama mit ihrem Baby. Morgen warten neue Abenteuer auf die beiden.

ANTARKTIS

Größe:	bis 250 cm
Gewicht:	bis 400 kg
Nahrung:	Fische, Krebse, Tintenfische
Tragzeit:	10-14 Monate
Jungtiere:	1
Lebensweise:	leben allein

WEDDELLROBBE

Der Wind pfeift über das antarktische Eis, doch die Weddellrobbe kümmert das nicht. Träge schließt sie ihre großen Augen und rollt sich auf die andere Seite. Jetzt weht der Wind gegen ihren Rücken und sie spürt ihn kaum noch. Dass der Boden, auf dem sie liegt, eiskalt ist, spürt die Robbe sogar überhaupt nicht. Ihre Fettschicht ist so dick, dass sie lange Zeit auf dem Eis liegen kann, ohne zu frieren. Es ist gut, dass sie diese Fettschicht hat, denn ihr graues Fell mit den vielen hellen Flecken ist keine große Hilfe gegen die Kälte. Es ist dünn und außerdem ständig nass. Jedes Mal, wenn die Robbe ins Meer springt, muss ihr Fell hinterher im Wind trocknen. Ohne diese Fettschicht würde sie immer frieren.

Doch nicht nur das Eis und der Wind sind kalt. Auch das Meerwasser ist eisig. Die dicke Eisschicht darauf schmilzt nicht.

Die Robbe liegt allein auf dem Eis. Sie hat den ganzen Platz für sich. Wenn es unbedingt sein muss, teilt sie sich einen Liegeplatz mit anderen Robben. Aber so wie heute ist es ihr am liebsten. Weit und breit ist kein anderes Tier zu sehen. Um sie herum ist nur weißes Eis.

Die Robbe hat sich einen besonderen Ort ausgesucht, um sich auszuruhen. Sie liegt genau dort, wo sich im Eis ein Loch befindet. Es ist so groß, dass die Robbe leicht hindurchpasst, und wenn sie hineinschaut, kann sie unten die Wellen des Meeres sehen. Mit diesem Loch hat die Robbe sich wirklich Mühe gegeben. Sie hat den Rand des Eises abgenagt, damit es groß genug für sie ist. Immer wenn der Rand in der Kälte zufriert, entfernt sie das Eis wieder mit ihren scharfen Zähnen. Macht sie einen Ausflug unter das Eis, hat sie hier einen Ausgang, durch den sie aufs Eis zurückkommen kann. Auf langen Ausflügen schwimmt sie manchmal zwischendurch einfach kurz hierher zurück, um Luft zu holen.

Die Robbe bewegt sich ein wenig näher an das Eisloch heran und späht nach unten. Dann hält sie den Atem an, lässt sich kopfüber hineinplumpsen und verschwindet im Wasser.

Elegant dreht sie im eisigen Meer eine Pirouette. Wie alle Robben kann sie sehr gut unter Wasser

schwimmen. Mit ihren kräftigen Hinterflossen schiebt sie ihren Körper nach vorn. Will sie eine Kurve schwimmen, streckt sie eine der beiden Brustflossen zur Seite und steuert damit in die Richtung, in die sie sich bewegen möchte.

Die Robbe ist genau zum richtigen Zeitpunkt untergetaucht. Ein Schwarm silbriger Fische schwimmt vorbei. Zack, da hat die Robbe sich einen davon gepackt und hinuntergeschlungen. Unglaublich, dass man mit so einer kurzen Schnauze so schnell Fische fangen kann! Die Weddellrobbe hat von allen Robben der Antarktis die kürzeste Nase, doch sie ist ein guter Jäger. Jetzt folgt sie dem Fischschwarm, bis er den Rand des Eises erreicht. Hier beginnt das offene Meer und es gibt sogar Eisberge. Neugierig streckt die Robbe den Kopf aus den Wellen. Von hier aus kann sie die weite Eisfläche sehen. Gleich da vorn treibt eine kleine Eisscholle im Meer.

Die Fische, denen die Robbe hinterhergeschwommen ist, sind plötzlich verschwunden. Wo sind sie? Hat sie etwas erschreckt?

Aufmerksam späht die Robbe in die blauen Tiefen des Meeres. Wie gut, dass sie unter Wasser so viel besser sehen kann als an Land. Denn so entdeckt sie die schwarz-weißen Tiere, die da kommen, sofort. Oh, da schwimmen ein paar Orcas geradewegs auf sie zu!

Die Robbe schwimmt, so schnell sie kann, auf die treibende Eisscholle zu. Dann springt sie aus dem Wasser aufs Eis. Manche Orcas interessieren sich nicht für Robben und fressen nur Fisch. Aber hier in der Gegend sind die schwarz-weißen Wale gefährlich. Da sitzt sie besser auf einer Eisscholle, wohin die Wale ihr nicht folgen können!

Aus sicherer Entfernung beobachtet die Robbe, was die Orcas machen. Oje – die Wale kennen einen ganz gemeinen Trick. Ein paar der Tiere schwimmen nebeneinander auf die Eisscholle zu und tauchen dann unter. Eine große Welle schwappt über das Eis und spült die Robbe davon – mitten hinein in die Orcagruppe! Doch davon lässt sich die Robbe nicht erschrecken. Flink schlägt sie ein paarmal mit ihren Flossen, springt wieder aus dem Wasser und lässt sich zurück aufs Eis gleiten.

Aber da kommt eine zweite Welle angerollt und schubst die Robbe noch mal vom Eis. Schon wieder muss sie sich anstrengen, um zurück auf die Scholle zu gelangen. Bei der nächsten Welle lässt sich die Robbe einfach von der Eisscholle spülen. Dann taucht sie unter die dicke Eisschicht und schwimmt den langen Weg zurück zu ihrem Loch. Als die Wale bemerken, dass die Robbe verschwunden ist, drehen sie um und

folgen ihr. Doch unter dem Eis schwimmen sie nicht gerne. Genau wie die Robbe, müssen auch die Wale die Luft anhalten, wenn sie tauchen. Die Robbe schwimmt so schnell sie kann – immer dicht unter dem Eis entlang. Da ist das Loch! Mit einem großen Satz landet die Robbe auf dem Eis. Die schlauen Orcas merken sofort, dass sie ihr dorthin nicht folgen können. Durch dieses kleine Loch passen sie erst gar nicht. Die Orcas kehren um und die Robbe rollt sich so in den Wind, dass er ihr mitten ins Gesicht weht. Jetzt braucht sie erst mal eine Pause. Sie schließt die Augen und öffnet sie gleich wieder. Sie muss noch einmal schauen, ob sie wirklich allein ist. Weit und breit ist niemand zu sehen. Dann kann sie ja jetzt endlich einschlafen.

KaiserPinguin

Es ist ein Tag wie jeder andere in der Antarktis. Der kalte Wind pfeift über das Eis und weht eine dünne Schneeschicht vor sich her. Mitten auf dem Eis steht eine Gruppe Pinguine. Die Kälte, der Schnee und der Wind machen ihnen nichts aus.

Seit vielen Wochen stehen die Pinguinpapas hier in einer großen Gruppe versammelt und warten. Von Weitem sieht es so aus, als hätten sie gar nichts zu tun, doch in Wirklichkeit haben sie eine sehr wichtige Aufgabe: Sie brüten. Wie andere Vögel auch, legen Pinguinweibchen Eier, aus denen später die Küken schlüpfen. Doch am Südpol ist das gar nicht so leicht. Hier wächst nichts, und ohne Äste, Blätter oder Steine können die Pinguine keine Nester bauen. Es gibt auch kaum Nahrung

für die winzigen Küken. Wenn die Pinguineltern Nachwuchs bekommen wollen, müssen sie das also ganz anders anstellen als andere Vögel. Doch die Pinguine sind daran gewöhnt. Legt die Pinguinmama ein Ei, schiebt sie es sofort mit dem Schnabel zum Pinguinpapa hinüber. Der nimmt es entgegen und rollt es auf seine Füße. Dann deckt er es blitzschnell mit seinem warmen Bauch zu. Beide Eltern passen sehr gut auf, denn draußen ist es kalt und das Ei darf auf keinen Fall wegkullern. Die Pinguinmama weiß, dass das Küken später Fisch fressen will, wenn es geschlüpft ist. Deshalb macht sie sich jetzt schon auf den Weg zum Rand des Eises, wo das Meer beginnt. Der Weg dorthin ist so weit, dass sie eine lange Zeit wandern muss. Der Pinguinpapa bleibt zurück und sorgt dafür, dass das Ei immer warm bleibt. Und er ist nicht allein. Alle Pinguinväter stellen sich nebeneinander und brüten gemeinsam. Wenn der Wind kälter wird oder es anfängt zu schneien, rücken sie eng zusammen und wärmen sich gegenseitig. Jeder Pinguinpapa balanciert dabei ein Ei auf seinen Füßen.

Auch der Pinguinpapa, der jetzt gerade ganz am Rand der Gruppe steht, hat lange gebrütet. Sechsundsechzig Tage hat es gedauert, bis sein Ei die ersten Risse bekam! Doch dann hat das Küken einfach die Schale aufgepickt und die Reste zur Seite geschubst. Es hat sofort gemerkt, dass es auf Papas Füßen am wärmsten ist, also ist es sitzen geblieben. Jetzt ist es schon ein großes Stück gewachsen. Die hellgrauen Federn und das helle Gesicht verraten aber, dass es noch jung ist.

Der große Pinguin hat schon lange nichts mehr gefressen, denn schließlich musste er sich zuerst um das Ei und später um das Küken

kümmern. Die Fettschicht, die seinen Körper einhüllt, ist schon viel dünner geworden. Aber er kann warten. Das Küken ist jetzt kräftig genug und kann sicher schon bald zwischen den anderen Pinguinen herumlaufen.

Der Pinguinpapa senkt den Schnabel und horcht. War das ein Piepen? Ja, das Kleine scheint Hunger zu haben. Es zappelt herum und schlägt mit den spitzen Flügelchen. Ganz vorsichtig tippt es mit seinem kleinen Kopf an den großen Kopf des Pinguinpapas. Der öffnet seinen Schnabel und würgt einen weißen Brei aus, den er extra für das Küken in seinem Magen herstellt. Bislang war das genug, aber es wird langsam Zeit, dass die Pinguinmama mit dem Fisch zurückkommt.

In der Pinguinkolonie ist es heute so laut wie immer. Die schnarrenden Rufe der Vögel schallen über das Eis. Der Pinguinpapa schaut sich um. Irgendetwas ist heute aber anders als sonst. Liegt es daran, dass die Sonne scheint? Oder daran, dass keine einzige Raubmöwe zu sehen ist, vor der die Küken beschützt werden müssen?

Plötzlich weiß der Pinguinpapa, was anders ist. In der Kolonie sind heute viel mehr Stimmen zu hören. Und es sind auch viel mehr Pinguine da als vorher. Die Pinguinmamas sind zurück!

Dort drüben begrüßen sich zwei Vögel. Die beiden haben sich lange nicht gesehen.

Der Pinguinpapa reckt den Hals und stößt einen trompetenden Ruf aus. Wenn die Mama zurück ist, hört sie ihn sicher. Der Pinguinpapa ruft noch einmal. Laut trompetet er den Pinguinruf über das Eis. So erfährt die Pinguinmama, wo der Pinguinpapa steht.

Und dann ist sie da! Sie taucht zwischen den anderen Pinguinen auf und watschelt geradewegs auf den Pinguinpapa und das Küken zu. Es gibt eine stürmische Begrüßung. Die Eltern schnattern und quietschen. Die Pinguinmama beugt sich tief hinunter, um das Küken anzuschauen,

das geschlüpft ist, während sie nicht da war. Ihr Ausflug hat sich gelohnt, denn in ihrem Bauch bringt sie leckeren Fischbrei mit. Darauf hat das Küken schon sehnsüchtig gewartet. Der Fischbrei schmeckt köstlich! Das Kleine kuschelt sich eng an seine Mama und wackelt dabei mit den Flügeln.

Morgen wird der Pinguinpapa denselben Weg zum Meer wandern, den vorher die Pinguinmama genommen hat. Dann passt sie für eine Weile auf das Küken auf und er jagt leckeren Fisch.

Wenn er zurückkommt, ist das Kleine bestimmt schon größer und vielleicht hat es auch schon ein paar schwarze Federn bekommen. Ist es so groß wie seine Eltern, machen sie sich zu dritt auf den Weg zum Meer. Obwohl es noch nie zuvor Wasser gesehen hat, kann es schon schwimmen und tauchen. Das wird ein Spaß!

SÜDAMERIKA

Größe:	90 cm
Gewicht:	bis 1,7 kg
Nahrung:	Früchte, Nüsse, Lehm
Brutdauer:	28 Tage
Jungtiere:	bis zu 3
Lebensweise:	leben in Gruppen

GRÜNFLÜGELARA

Als die Sonne über dem südamerikanischen Regenwald aufgeht, hängt ein feiner Nebel zwischen den Bäumen. Die Nacht zieht sich langsam zurück und die ersten Tiere werden wach. Nur das Faultier macht seine Augen gleich wieder zu und schläft weiter. Ein paar Frösche, die nachts unterwegs waren, kehren gerade zu ihren Ruheplätzen zurück. Während ihr Gequake verstummt, tönt auf einmal ein ganz anderes Geräusch durch den Regenwald. Es krächzt und zwitschert und klingt so, als würden sich sehr viele Leute unterhalten. Doch es sind keine Menschen, die da im Regenwald solch einen Lärm machen, sondern Papageien. Ein riesiger Schwarm knallroter Grünflügelaras hat auf einem der hohen Bäume die Nacht verbracht.

Ein paar der Vögel haben den Schnabel noch schläfrig ins aufge-
plusterte Gefieder gesteckt. Andere sind schon munter und schauen
sich neugierig um. Ganz oben im Baum sitzt ein Papageienkind. Es
schüttelt seine Federn zurecht und streckt dann gleichzeitig eines
seiner Beine und einen Flügel zur Seite aus. Das Kleine spreizt die
Schwanzfedern wie einen Fächer auseinander, so als wollte es ausprobieren, ob noch alle da sind. Für den Papagei ist dieser Morgen etwas
ganz Besonderes. Seit ein paar Tagen verbringt er die Nacht nicht mehr

in der Baumhöhle, in der er aus dem Ei geschlüpft ist, sondern draußen auf dem Baum. Zusammen mit seinen Eltern und den anderen Papageien hat er unter freiem Himmel geschlafen. Heute begleitet er den Schwarm zum ersten Mal auf einen Ausflug.

Mit dem Schnabel fährt sich der kleine Papagei durch die Rückenfedern. Sie sind schon genauso rot wie die der anderen Papageien. Hier und da schaut noch weicher Kükenflaum hervor, aber das fällt kaum auf.

In der Nähe sitzen ein paar ältere Papageien, die gerade erst die Augen aufgemacht haben. Einer von ihnen trippelt näher heran und lehnt sich dann herüber. Vorsichtig krault er dem Papageienkind die Nackenfedern. So zeigen sich die Papageien, dass sie sich mögen.

Langsam macht sich Unruhe breit. Wann geht es denn endlich los? Die Jungtiere im Schwarm haben den morgendlichen Ausflug noch nie mitgemacht, aber heute sind sie alle dabei.

Gleich werden sich die Papageien zusammen in die Luft schwingen und zu einem ganz besonderen Ort aufbrechen. Der kleine Papagei hat ein bisschen Bauchschmerzen. Ob das von der Aufregung kommt? Oder vielleicht vom Futter gestern? Da haben die Papageien nämlich ein paar sehr leckere Früchte entdeckt und sich so richtig den Bauch vollgeschlagen. Aber merkwürdig, dass gar kein anderes Tier diese Früchte fressen wollte. Die Papageien waren ganz allein dort. Vielleicht stimmt mit diesen Pflanzen ja irgendetwas nicht?

Plötzlich ertönt von allen Seiten ein lautes Rufen. Oh, es geht los! Ein Tier nach dem anderen stößt sich vom Baum ab und flattert los. Auch

der kleine Papagei nimmt seinen ganzen Mut zusammen und springt dann vom Baum. Huiii … er fliegt!

Gemeinsam suchen sich die Papageien ihren Weg durch den Regenwald. Achtung, da steht ein dicker Baum! Gerade noch rechtzeitig dreht der junge Papagei ab. Er ist zwar schon öfter von Ast zu Ast gesegelt, aber einen langen Flug hat er bis jetzt noch nie gemacht. Doch zusammen mit den anderen Vögeln schafft er es ohne Mühe.

Wenn der Schwarm eine Kurve fliegt, lehnen sich alle Vögel zur Seite

und ändern die Richtung. Der kleine Papagei beobachtet, wer neben ihm fliegt, und weiß sofort, was er machen muss, damit er mit niemandem zusammenstößt. Das macht Spaß! Aber das Bauchweh ist immer noch da …

Von oben gibt es viel zu sehen. Unten im Wald glitzert das Wasser des Amazonas. Pfeilschnell folgt der Papageienschwarm dem Flusslauf. Der kleine Papagei kennt den Weg noch nicht, deshalb fliegt er einfach den älteren Tieren nach. Da! Die Flussbiegung dort unten ist ihr Ziel. Ein Papagei nach dem anderen landet am sandigen Ufer, wo steile Wände aus Erde aufragen. Hier ist es aber voll! Zum Glück findet der kleine Papagei noch einen Platz neben dem Vogel, der ihm heute Morgen so freundlich die Federn gekrault hat. Vielleicht kann er sich von den Großen abschauen, was sie hier machen.

Aber was ist denn das? Da haben sich doch glatt ein paar fremde blaue Papageien dazwischengeschummelt! Was machen die denn hier? Der kleine Papagei rückt ein Stück zur Seite. Das Flussufer ist groß und es gibt genug Platz für alle. Er schaut genau zu, was die anderen Tiere aus seinem Schwarm machen. Sie hacken mit ihren gebogenen Schnäbeln kleine Erdbrocken aus dem Boden, zermahlen sie und schlucken sie dann hinunter. Das ist so spannend, dass er darüber fast sein Bauchweh vergessen könnte. Soll er das jetzt nachmachen? Vorsichtig nimmt der kleine Papagei ein Stück trockenen Lehm in den Schnabel. Der sieht genauso aus wie die Brocken, die die großen Papageien sich ausgesucht haben. Groben Sand oder gar Kieselsteinchen rühren die Vögel nicht an. Sie fressen nur sehr feine Erde. Vorsichtig schluckt der Kleine

die trockene Erde hinunter. Sie schmeckt eigentlich gar nicht so schlimm und er versucht es gleich noch einmal. Nach ein paar weiteren Happen spürt der Kleine, dass etwas anders ist. Das Bauchweh ist weg! Das kommt ganz sicher von der Erde! Also deshalb fliegen die Papageien jeden Morgen zum Fluss. Die anderen haben wohl auch manchmal Bauchweh von den Pflanzen, die sie gefressen haben. Aber die Papageien kennen das Geheimnis der Erde und können darum auch Früchte fressen, die anderen Tieren nicht bekommen. Gut, dass der kleine Papagei sich den Weg gemerkt hat. Morgen kommt er wieder zum Fluss, um Erde zu frühstücken.

SÜDAMERIKA

Größe:	40-80 cm
Gewicht:	bis 9 kg
Nahrung:	Blätter, Blüten, Früchte
Tragzeit:	6 Monate
Jungtiere:	1
Lebensweise:	leben allein

FAULTIER

„Koak, koak, koak", macht es im Baum nebenan. Ganz langsam öffnet das Dreifinger-Faultier sein linkes Auge. Dann sein rechtes. „Koak, koak, koak." Es klingt, als säße da ein Frosch im Baum, doch als das Faultier seinen Kopf dreht, sieht es einen schwarzen Vogel mit gelber Brust und gelbem Gesicht. Ein Tukan schaut mit runden Knopfaugen von seinem Ast herunter und klappert mit dem großen Schnabel. Tak-tak-tak-tak-tak. Dann hopst er ein Stück zur Seite, springt ab und fliegt davon.

Die Faultiermama blinzelt ein paarmal. Jetzt ist sie wach und hört das Gezwitscher der Regenwaldvögel, das Gequake echter Frösche und das Summen vieler kleiner Insekten. Und dabei ist sie doch noch so müde!

Die Faultiermama dreht ihren Kopf nach links und dann nach rechts. Sie möchte sehen, ob sich etwas verändert hat, seit sie eingeschlafen ist. Nein, alles ist wie vorher. Auf ihrem Bauch liegt immer noch das winzige Faultierkind und krallt sich im Fell fest. Auch das Kleine ist vom Lärm des Tukans aufgewacht und hebt jetzt den Kopf. Das ist ganz schön anstrengend und das Junge legt sich schnell wieder flach hin. Der Feigenbaum, an dem die Faultiermama hängt, sieht auch noch aus wie vorher. Vorsichtig prüft sie, ob sie noch immer sicheren Halt am Ast hat. Alles wie immer! Sie hängt mit dem Rücken nach unten. Die drei Krallen ihrer Vorderfüße und der Hinterbeine halten sich, wie Haken, sicher am Ast fest. Der Bauch der Faultiermama zeigt nach oben und darauf schaukelt sie ihr Jungtier.

Im mittelamerikanischen Regenwald findet die Faultiermama immer genug Bäume. Hier wachsen nämlich Tausende verschiedener Pflanzenarten. Am liebsten mag sie Feigenbäume, denn die haben so köstlich zarte Zweige. Allerdings steckt in den leckeren Blättern nicht sehr viel Energie. Die Faultiermama frisst zwar eine ganze Menge, doch richtig viel Kraft bekommt sie davon nicht. Zum Glück macht das nichts, denn sie weiß genau, wie sie ihre Kraft besser einteilen kann. Sie bewegt sich einfach immer langsam. Das Faultierkind trinkt noch Milch und braucht keine Blätter. Es schläft viel und findet alles andere eher langweilig. Solange es sich in Mamas Fell kuscheln und schlafen kann, ist es zufrieden. Es ist noch zu schwach, um allein am Ast zu hängen. Deshalb nimmt die Faultiermama es überall hin mit, wenn sie sich bewegt. Sie löst sehr langsam einen Fuß nach dem anderen und setzt ihn noch

langsamer auf. Für jeden Weg braucht sie sehr lange. Faultiere sind nie in Eile und bewegen sich manchmal nur eine Astlänge am Tag vorwärts. Fast zwanzig Stunden verbringt die Faultiermama mit Schlafen.

Sie hängt dann einfach am Baum und rührt sich nicht. Um sie herum flattern Schmetterlinge.
Ab und zu krabbelt eine Wanze über die Faultierkrallen und verschwindet dann am Stamm. Fast ihr ganzes Leben verbringen die Faultiere

hoch oben in den Wipfeln. Von Weitem ist die Faultiermama häufig nicht zu sehen, denn mit ihrem grünen Fell ist sie zwischen den Blättern

gut getarnt. Moment mal – grünes Fell? Ja, du hast richtig gehört. Das Fell der Faultiermama hat eine grünlich schimmernde Farbe. Früher war es graubraun wie das Fell des Kleinen. Aber weil sie jetzt schon eine ganze Weile in diesem feuchten Wald hängt, wachsen an ihren langen Haaren grüne Algen. Ein bisschen Regen macht Mama und Kind überhaupt nichts aus, denn hier in Mittelamerika ist es nie kalt. Wenn es regnet, läuft das warme Wasser am Fell herunter und tropft zu Boden. Das Kleine kauert sich dann auf dem Bauch der Faultiermama zusammen und wartet ab. Es liegt genau in der Mitte, dort ist das Fell am flachsten.

Das Faultierleben könnte so einfach sein. Wenn die Faultiermama nur für immer auf dem Baum bleiben könnte! Doch es gibt da etwas, für das jedes Faultier auf den Boden herunterklettern muss. Das passiert alle ein bis zwei Wochen. Und heute ist es so weit.

Langsam bewegt sich die Faultiermama in Richtung Baumstamm und späht nach unten. Sie prüft, ob es am Boden sicher ist. Es ist kein Jaguar, kein Ozelot und keine große Schlange in Sicht, also steigt die Faultiermama vom Baum herunter. Sie bewegt sich sehr langsam, damit das Kleine sich weiterhin gut festhalten kann. Am Boden angekommen, kriecht sie ein Stück durch das raschelnde Laub. Dann gräbt sie mit ihrem Stummelschwanz ein kleines Loch in die weiche Erde und – flop, flop, flop – lässt sie ihren Kot in das Loch fallen. Das ist ein Faultierklo! Als die Faultiermama mit dem Kleinen zurück auf den Baum klettert, steigen ein paar winzige Motten aus ihrem Fell auf und lassen sich auf den Häufchen nieder. Die Faultiermotte hat nur darauf gewartet. Die

Motten legen ihre Eier einfach auf dem Kot ab. Schlüpfen daraus neue Motten, suchen sie sich später ein eigenes Faultier, bei dem sie wohnen. Die Motten gehen nicht am Boden aufs Klo, sondern sie machen in das Fell ihres Faultiers. Auch deshalb wachsen im Fell so viele Algen, die das Faultierhaar so schön grün tarnen zwischen den Blättern.

Der Weg nach unten hat die Faultiermama sehr viel Kraft gekostet. Es ist Zeit für ein Nickerchen. Hoch oben im Baum sucht sie sich einen bequemen Ast, hängt sich kopfunter daran und schaut auf ihren Bauch. Das Kleine schläft schon wieder. Beruhigt schließt die Faultiermama die Augen. Morgen ist ein neuer Tag für neue Abenteuer.

NORDAMERIKA

Größe:	350–430 cm
Gewicht:	mehr als 200 kg
Nahrung:	Fische, Vögel, Reptilien, Säugetiere, Wirbellose
Brutdauer:	65 Tage
Jungtiere:	20–50
Lebensweise:	leben allein, manchmal in Gruppen

MISSISSIPPI- ALLIGATOR

Es ist dunkel und auch ziemlich eng im Ei. Der Körper des kleinen Mississippi-Alligators liegt zusammengerollt unter der dünnen Schale. Vor ein paar Wochen war hier noch sehr viel Platz, aber seit Kurzem wird es immer enger. Es ist jetzt wohl Zeit, das Ei zu verlassen!

Das Alligatorkind liegt ganz still da und horcht. War da nicht gerade ein Geräusch? Ja, da ist es wieder. „Jiiiih", tönt es von draußen. „Jiiiih." So ein Geräusch hat der Kleine noch nie gehört, doch wie alle jungen Krokodile weiß er sofort, was es bedeutet. Irgendwo da draußen rufen ihn seine Geschwister! „Jiiiih", antwortet er durch die Eischale und horcht … und da antworten die anderen gleich! Wenn es in einem Krokodilnest quiekt, kann das nur eines bedeuten: Die Jungen sind bereit

zum Schlüpfen, und damit alle gleichzeitig aus ihren Eiern krabbeln können, rufen sie sich zu, dass es losgehen kann.

Entschlossen drückt das Alligatorjunge mit seiner harten Nasenspitze gegen die Wand der Eischale. Sie ist ganz weich und biegsam. Dann ist da auf einmal ein Loch und der Kleine kann herausklettern. Huch! Was ist denn das? Von oben senkt sich ein riesiger, schuppiger Fuß mit dicken Krallen herab. Doch der Fuß gehört bloß der Alligatormama, die

gerade eine grüne Pampe aus Matsch, Blättern und kleinen Zweigen beiseiteschiebt. Sie macht Platz, damit ihre Jungen aus den Eiern schlüpfen können.

Seit vielen Wochen liegt sie nun schon neben ihrem Nest und passt auf. Sie hat die Eier ans Ufer eines Flusses gelegt und danach einen Riesenberg aus Schlamm und alten Blättern darübergehäuft.

Der Pflanzenberg liegt jetzt schon so lange hier, dass die Stängel langsam verfaulen und dabei ganz warm werden. Jetzt stinken sie auch ein bisschen, aber immerhin konnten die Eier darunter ausgebrütet werden. Die Krokodilmama hat abgewartet, bis sie das Fiepen aus dem Nest hörte. Dann wusste sie, dass die Jungen bereit zum Schlüpfen sind. Jetzt hebt die Alligatormama die Eier vorsichtig aus dem Pflanzenmatsch heraus.

Sie senkt den langen Kopf mit der runden Schnauze und betrachtet ihre frisch geschlüpften Jungen. Sie sind noch ziemlich klein und haben eine dunkelgraue Haut mit gelben Streifen auf dem Rücken. Das Muster ist wichtig, denn damit können sie sich zwischen Ästen und Blättern besonders gut verstecken. Wenn die Kleinen älter sind, verschwinden die Streifen und sie werden dunkelgrau wie ihre Mama.

Die Heimat der Mississippi-Alligatoren sind die Everglades in Florida, die um diese Jahreszeit aussehen wie eine riesige überschwemmte Wiese. Die meiste Zeit des Jahres ist es hier sehr warm und die Sonne scheint. Im Sommer sehen die Wasserflächen aus wie ein riesiger Sumpf. Doch in Wirklichkeit gehören sie zu einem Fluss, der so langsam fließt, dass du es kaum sehen kannst. Für Krokodilkinder ist das

großartig, denn sie können im ruhigen Wasser das Schwimmen üben. Die Jungen sind nun alle aus ihren Eiern geschlüpft und bleiben dicht zusammen. Sie trauen sich noch nicht aus dem Nest, denn an Land lauern viele Gefahren. Am sichersten ist es im Wasser. Aber wie sollen sie dorthin kommen?

Zum Glück weiß die Alligatormama, wie sie das schaffen. Sorgfältig schaut sie sich am Ufer um. Alles sieht friedlich aus. Im flachen Wasser zwischen den Schilfhalmen staksen nur ein paar Vögel herum und stochern mit ihren dünnen Schnäbeln nach Würmern. Die Alligatormama nimmt vorsichtig ein paar ihrer Jungtiere ins Maul. Sie hält die spitzen Zähne weit auseinander, damit die Jungen sicher dazwischensitzen können. Der gezackte Krokodilschwanz eines Babys hängt ihr

aus dem Maulwinkel und ein winziger Fuß lugt hervor. Alle halten ganz still. Dann trägt sie die Kleinen vorsichtig zum Wasser und lässt sie hineinplumpsen. Plitsch-Platsch! Schnell sind die Jungen untergetaucht.

Bis alle sicher im Wasser angekommen sind, muss die Krokodilmama ein paar Mal hin- und herlaufen. Doch dann ist es geschafft. Die Winzlinge schwimmen los und erkunden die Gegend. Sie wissen von Anfang an, wie sie mit dem Schwanz rudern müssen, um vorwärts zu kommen, und tauchen können sie auch schon. Sie schwimmen nie weit weg und bleiben lieber in der Nähe ihrer Mama, wo es am sichersten ist. Für einen kleinen Alligator gibt es so viel zu lernen!

Die Großen wissen schon, wie man Jagd auf Fische oder Landtiere macht. Sie liegen still im Wasser und tun so, als wären sie Baumstämme. Dafür sind die Jungen noch zu klein, doch schon bald werden sie das auch können. Bis es so weit ist, jagen sie kleine Fische oder Insekten und später auch Frösche und Krebse. Die Alligatormama passt auf, bis ihre Kinder groß genug sind, um sich allein hinauszuwagen. Vielleicht kommt ja eines Tages eines der Kleinen als erwachsener Alligator hierher zurück. Am Ufer ist jedenfalls noch sehr viel Platz für ein zweites Nest.

ARKTIS

Länge:	bis 800 cm
Gewicht:	bis 5000 kg
Nahrung:	Fisch oder Fleisch
Tragzeit:	15 Monate
Jungtiere:	1
Lebensweise:	leben in Gruppen

ORCA

Das Meer vor Grönland ist heute eiskalt und das Wasser ganz klar. Bis auf ein paar kleine Wellen ist der Ozean ruhig. Die Sonnenstrahlen scheinen tief ins Wasser und zaubern helle Lichtstreifen hinein. Die Orcafamilie ist weit entfernt von der Küste unterwegs. Wenn die Wale ihren Kopf aus dem Wasser strecken, sehen sie in der Ferne nur einen ganz dünnen Streifen Land.

Sie sind zu zwölft. Ein Orcamännchen mit hoher Rückenflosse und elf Weibchen schwimmen alle gemeinsam. Die weiblichen Orcas sind miteinander verwandt. Sie sind Schwestern, Tanten oder Cousinen. Einige von ihnen haben Walkinder dabei, die immer in der Nähe ihrer Mütter bleiben, auch wenn sie schon einige Jahre alt sind.

Das jüngste Walbaby der Familie ist erst ein Jahr alt und schlägt gerade kräftig mit seiner Schwanzflosse auf und ab. Es hält sich eng an der Seite seiner Mama, denn sie kennt den Weg und beschützt es vor allen Gefahren im Meer. Hinter ihm schwimmt seine ältere Schwester. Auch sie folgt noch ihrer Mama, hält aber schon viel mehr Abstand. Übermütig schießt das Walbaby an ihr vorbei und taucht zur Wasseroberfläche. Wie das Luftholen geht, wusste der Kleine schon gleich nach der Geburt. Als sein Kopf aus dem Wasser herausschaut, öffnet er das Blasloch und atmet aus. Pfffft! Er nimmt einen tiefen Atemzug, macht dann das Blasloch wieder zu und taucht ab.

Von Weitem sehen die Orcas aus wie schwarz-weiße Wellen. Immer wieder taucht einer der Wale aus dem Wasser auf und wieder unter. Und jedes Mal siehst du die runden Rücken mit den dreieckigen Flossen. Das Auftauchen und Luftholen klappt ganz von allein. Darüber müssen die Wale gar nicht lange nachdenken und sie können es sogar im Schlaf. Denn wenn Wale schlafen, schläft nur eine Hälfte des Gehirns. Die andere bleibt wach und achtet darauf, dass man unter Wasser nicht atmen kann. Wird die Luft knapp, tauchen die Wale von selbst wieder auf.

Jetzt aber sind alle Wale hellwach. Denn heute geht es auf die Jagd. Das jüngste Walkind beobachtet schon lange, wie die Großen ihre Beute fangen, aber es hat noch nicht so ganz verstanden, wie es geht. Seine Nahrung ist schließlich Muttermilch. Es weiß schon, dass seine Familie zu den Fischfressern gehört. Andere Orcas mögen lieber Robben oder Pinguine. Ein paar jagen sogar andere Wale. Doch seine Familie ist auf der Suche nach etwas anderem. Sie sucht Heringe. Irgendwo hier muss ein riesiger Fischschwarm sein. Doch wo?

Von allen Seiten hört der kleine Wal ein lautes Klicken. Das sind die anderen, die sich unterhalten. Heute hat das Klicken noch einen besonderen Ton. Die Wale schicken ihren Ruf ins Meer hinaus und horchen, ob er als Echo zurückkommt. Das Walkind horcht mit. Da! Aus den Tiefen des Meeres ertönt ein leises Klicken. Am Klang erkennen sie, dass es Fische sind. Sofort sind alle Wale im Jagdfieber und schwimmen noch ein bisschen schneller. Schon tauchen die ersten Heringe auf. Das könnte ein Festmahl werden, doch die Beutefische

schwimmen alle durcheinander! Wie soll das Walkind denn da an einen herankommen? Der kleine Wal achtet genau darauf, was seine Mama macht, und ahmt sie dann einfach nach. Gemeinsam schwimmen alle Orcas in einem großen Bogen um den Fischschwarm herum. Jedes Tier achtet genau darauf, was die anderen aus der Familie tun. Schon bald haben sie einen Teil der Heringe vom Rest des Schwarms getrennt. Die Orcas treiben die Fische vor sich her zur Wasseroberfläche. Dann schwimmen ein paar von ihnen unter den Heringen entlang und passen auf, dass ihnen der Weg versperrt bleibt. Andere Orcas verteilen sich an den Seiten und sorgen dafür, dass kein Hering davonschwimmen kann. Jetzt sind die Fische zwischen den Walen eingekreist. Sie

sitzen in der Falle. Und dann geht es los. Mit ihren großen Schwanz-flossen schlagen die Orcas auf das Wasser. Heringe, die dabei getroffen werden, sinken in die Tiefe und landen im Magen der wartenden Orcas. Die Walfamilie tauscht zwischendurch die Plätze, damit jeder mal fressen kann. Das jüngste Walkind frisst zwar noch gar keine Fische, aber es schaut genau zu und lernt viel dabei.

Als die Jagd zu Ende ist, sind alle Wale satt. Die Familie zieht weiter. Wie eine schwarz-weiße Welle tauchen die runden Rücken mit den großen Rückenflossen auf und ab. Das Walkind schwimmt neben seiner Mama. Es schlägt mit der Schwanzflosse auf und ab. Was für ein aufregender Tag das war!

Die Klicklaute der Großen klingen jetzt viel ruhiger, denn sie sind nicht mehr auf der Jagd. Als seine ältere Schwester mit einem Büschel Seetang angeschwommen kommt, stürzt sich der kleine Wal darauf. Gemeinsam schubsen sie das grüne Bündel durchs Wasser, lassen es schweben und fangen es dann wieder ein. Wenn das so weitergeht, kann der kleine Orca schon bald nach einem richtigen Hering schnappen. Bei der nächsten Jagd kann er vielleicht schon helfen, die Beute zusammenzutreiben. Doch für heute ist es erstmal genug. Das Orcakind taucht auf, holt Luft und taucht wieder ab. Vielleicht könnte es ja mal kurz schlafen? Die nächste Jagd kommt bestimmt, aber nicht mehr heute.

ARKTIS

Größe:	bis 250 cm
Gewicht:	bis 500 kg
Nahrung:	Fleisch, Pflanzen
Tragzeit:	2–3 Monate
Jungtiere:	1–3, häufig Zwillinge
Lebensweise:	leben allein

EISBÄR

Ganz unten, dort wo die Eisbärenhöhle am tiefsten ist, ist es auch am kältesten. Das wissen die beiden Eisbärenkinder schon lange. Im höhergelegenen Teil der Höhle, wo sie mit ihrer Mama liegen, ist es wärmer. Die Kleinen kennen die Höhle schon sehr gut, denn hier sind sie geboren. Seit ein paar Wochen können sie jetzt schon laufen. Ihr weißes Fell, das am Anfang noch ganz kurz und dünn war, ist mittlerweile zu einem richtigen Pelz herangewachsen. So dick wie der der Eisbärenmama ist er natürlich noch nicht. Die Eisbärin hat nicht nur viel mehr, sondern auch viel längere Haare als ihre Kleinen und ist viel größer. Aber ansonsten sehen sich die Bären sehr ähnlich. Alle drei Eisbären, die in dieser Höhle leben, haben ein weißes Fell, schwarze

Nasen und einen langen Kopf. Sie haben nur ganz kleine Ohren, aber das ist auch gut so. Denn kleine Ohren werden in der Arktis nicht so schnell kalt. Und kalt ist es hier wirklich immer. Die Höhle hat zwar auch ein paar Erdwände, aber der größte Teil besteht aus Schnee und Eis. Die beiden Eisbärenkinder und die Bärin haben die Höhle seit der Geburt nicht mehr verlassen. Viel zu gefährlich wäre es draußen für die Kleinen gewesen, zu eisig, zu windig und zu ungemütlich. Während die Bärenkinder heranwuchsen, wartete die Bärenmama ab und wurde dabei immer dünner. Wie gut, dass sie sich vor der Geburt noch schnell eine richtig dicke Fettschicht angefressen hatte. Davon lebt sie jetzt.

Doch langsam wird die Höhle ein bisschen zu klein. Schon längst sind die beiden Bärenjungen keine kleinen Bärchen mehr. Am Anfang waren sie winzig klein, aber jetzt sind sie gewachsen und zehnmal so schwer wie bei ihrer Geburt. Ihre kleinen Tatzen haben Krallen bekommen und ihre Augen sind jetzt auch offen. Neugierig erkunden sie die Höhle. Sie kratzen an den Wänden und manchmal klettern sie auf dem Bauch der Bärenmama herum, wenn diese gemütlich auf der Seite liegt. Sie rupfen an ihrem Fell und beißen ein wenig in ihre Füße. Dann balgen sie miteinander, bis sie müde werden und einschlafen. Die ganze Zeit über versorgt die Eisbärin ihre Jungen mit Milch und so langsam bekommt sie selbst Hunger. Jetzt, wo die Bärenkinder so kräftig sind, könnte die Bärenfamilie die Höhle eigentlich verlassen.

Nach einer letzten Nacht in der Höhle fasst die Bärin einen Entschluss. Mit ihren mächtigen Tatzen gräbt sie den Schnee am Höhleneingang auf und schiebt ihn beiseite.

Kalte Luft strömt ins Innere, aber der Himmel dort draußen ist blau und die Sonne scheint. Die Bärenmama hat einen guten Tag ausgesucht, um ihre Kleinen das erste Mal mit nach draußen zu nehmen. Sie zwängt sich heraus und macht ein paar Schritte im Schnee. Ihr weißes Fell verschmilzt mit der Umgebung. Von Weitem kannst du sie jetzt nur sehr schwer erkennen.

Der Wind, der ihr ins Gesicht weht, ist so kalt wie an anderen Orten nur im Winter. Doch kalt ist ihr nicht. Ihr Fell ist nicht nur sehr dicht, sondern hat auch noch eine Besonderheit. Jedes einzelne Haar sieht zwar weiß aus, ist in Wirklichkeit aber durchsichtig. So kann das Fell in der Kälte wärmen und trotzdem Sonnenstrahlen durchlassen. Das wärmt zusätzlich.

Wo bleiben nur die Bärenkinder? Neugierig strecken die Kleinen ihre Nasen aus der Höhle. So viel Schnee haben sie noch nie gesehen. Alles ist weiß. Ist das aufregend! Nach ein paar vorsichtigen Schritten stürmen sie los und rennen durch den Schnee, dass es nur so staubt. Huch, der Boden ist ja ganz glatt! Schnell haben die beiden verstanden, wie sie ihre Füße setzen müssen, um – wie alle Eisbären – auf dem Eis rennen zu können. Da hilft es, dass sie auch an den Fußsohlen Fell haben. So rutschen sie nicht aus.

Die Eisbärin wälzt sich genüsslich im Puderschnee und lässt

die Kleinen toben. Dann steht sie auf und läuft einfach los. Die Kleinen stürmen ihr hinterher. Sie kommen in der Kälte genauso gut zurecht wie ein großer Bär und finden alles spannend. Wohin gehen sie jetzt? Die Bärenmama stapft voran und die Bärenkinder tapsen ihr nach. Ab jetzt begleiten sie ihre Mama auf einer großen Wanderung. Die Höhle brauchen sie nicht

mehr, denn wenn die Kleinen müde werden, machen sie mit ihrer Mama Rast, kuscheln sich an sie und schlafen. Das Eis und der Schnee machen ihnen gar nichts aus. Und falls es nachts einmal schneien sollte, decken die Bären ihre Nase einfach mit einer Tatze zu und lassen sich einschneien.

Die Bärin zeigt den Jungen, wie sie in der Kältewüste den Rand des Eises finden. Dort hinten beginnt das Meer und die Kleinen können herausfinden, wie man schwimmt. Ihre Mama macht ihnen vor, wie sie einer Robbe auflauern und wie sie ein Tier unter dem Schnee erschnuppern können. Auf die kleinen Eisbären warten noch viele Abenteuer. Jeden Tag ein neues.

Wölfe hautnah erleben

32 Seiten, ca. €/D 14,99
ISBN 978-3-440-16525-6

Böser Wolf oder Kuscheltier? Dieses besondere Sachbuch zeigt dir, wie Wölfe wirklich sind. Mit faszinierenden Fotos führt es ganz nah heran an ihr Leben in unserer Natur. Wie jagen Wölfe? Wie verständigen sie sich? Und vor allem: Wie wachsen die kleinen Wölfe auf? Über die vielen Ähnlichkeiten zwischen Wolfs- und Menschenfamilien kann man nur staunen, und es macht großen Spaß, beide zu vergleichen.

 Mit tollen Fotos von Wölfen in der Natur

kosmos.de   Preisänderungen vorbehalten

Wer war denn hier?

32 Seiten, ca. €/D 14,99
ISBN 978-3-440-16601-7

Kuhfladen, Pferdeäpfel, Hundehaufen – jedes Lebewesen scheidet Kot aus. Dieses Sach-bilderbuch erklärt, wie das spannende Thema „Kacka machen" bei Kuh, Pferd, Fledermaus, Igel und vielen weiteren heimischen Wild- und Haustieren abläuft. Zu jedem Tier wird erzählt, wie, wo und wie oft es „muss".

In der verschneiten Winterlandschaft bilden Tierspuren spannende Muster im Schnee. Aber welches Tier lief denn hier? Dieses liebevoll illustrierte Sachbilderbuch zeigt die Spuren von Maus, Eichhörnchen, Kaninchen, Fuchs, Reh und noch vielen anderen Tieren in Originalgröße.

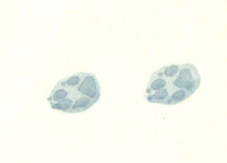

32 Seiten, ca. €/D 14,99
ISBN 978-3-440-16032-9

kosmos.de   Preisänderungen vorbehalten